영화와 샤머니즘

한국적 환상과 리얼리티를 찾아서

차례
Contents

샤머니즘, 무속 그리고 판타스틱

샤머니즘과 무속 : 사유와 상상의 시스템

샤머니즘을 단 몇 마디로 정의하기는 매우 어렵다. 그만큼 샤머니즘을 바라보는 시각과 그 기원을 연구하는 진영이 다양하다는 말이다. 많은 시각 차이에도 불구하고 인류학과 민속학의 연구자 그리고 종교 역사학자들이 대략 일치를 보는 지점은 '샤머니즘이 인간의 영혼에 의해 상상된 일종의 정신 체계'[1]라는 점이다. 특히 현대 인류학자들에게 있어서 샤머니즘은 세계 도처에 널리 퍼져 있는 '사유와 상상의 시스템'[2]이다. 이런 사유와 상상의 세계를 시청각적으로 구체화시키는 것은 바로 '샤만'(영어로는 'Shaman', 불어로는 'Chamane')이 담당한다. 다시 말해 샤만은 지상세계의 인간과 자연, 신의 세계의 영혼을 연결해주는 중재자 역할을 담당한다. 샤만은 주술사이자 점술가이며 동시에 병을 치료하는 의사이기도 하다. 그러나 샤만은 여기에 머물지 않고 가수이자 시인이며 민간전승과 수세기 이전의 전설, 민담에 대한 전문가이다.[3] 전체적으로 샤만은 고대사회의 종교 생활을 이끄는 중요한 역할을 담당했다.

한편, 무속은 무당을 중심으로 민간층에서 전승되고 있는 한국 고유의 민간신앙의 한 형태이다. 무당은 점을 쳐서 인간의 미래를 예언하는가 하면 굿을 매개로 병을 고치는 등, 신과 인간 사이의 중재자 구실을 한다. 무당은 예로부터 산 자와 죽은 자의 화해를 통해 무속이 한민족의 근간을 이루는 데 필요한 종교 및 사회적 구실을 해왔다. 따라서 무속은 한국사회를 반영하며, 우리는 무속을 통해 한국인의 정신세계와 사회구조를 살피는 것 또한 가능하다. 특히 우리가 주목하고자 하는 것은 무속이 가지고 있는 예술성, 즉 음악, 연극, 문학, 무용 등의 미학적 요소가 영화와 만나고 있는 지점이다. 무속과 영화의 관계에 대해서는 다음 장에서 본격적으로 다루기로 하고 이제 샤머니즘과 무속이 '판타스틱'이라는 요소와 어떻게 조우하고 있는지를 살펴보자.

판타스틱과 샤머니즘 그리고 무속의 아우라

'판타스틱' 역시 샤머니즘만큼이나 간단명료하게 설명하기에는 너무나 많은 의미를 담고 있다. 흔히 판타스틱이라는 말을 둘러싸고 사람들이 가지고 있는 몇 가지 선입견이 있다. 판타스틱은 항상 일상적인 보통의 상태를 벗어난 불완전하고 특별한 상태라고 생각을 한다. 예를 들어, 판타스틱은 꿈과 상상 속에서 이루어지는 모든 것이며 항상 놀라움을 동반하여 우리를 낯설게 하고 또는 언제나 초현실적인 불가능한 현상이 뒤따라오는 것으로 여긴다. 틀린 말도 아니다. 실제로 우리 눈에는 그렇게 보이니까 말이다. 그러나 더 중요한 점은 판타스틱은 결코 이게 전부가 아니라는 사실이다. 적어도 영화와의 상관관계 속에서는 말이다. 영화를 매개로 펼쳐지는 판타스틱은 상상의 세계와 현실의 세계를 충돌시키고 동시에 화해시키는 역할을 담당하고 있다.

삶과 현실, 인간에게는 리얼리티로 설명하기에는 벅찬 빈구석, 혹은 리얼리티만으로 재단할 수 없는 빈터가 있다. 영화는 바로 이 빈터에 빛을 투사해서 그 정체를 밝히려 한다. 이곳이 영화와 판타스틱이 조우하고 있는 특별한 지점이다. 즉, 나타남과 사라짐, 탄생과 죽음, 더 나아가 '사이 공간', '사이 시간'까지 아우를 수 있는 특별한 능력으로 인해, 영화는 이제 수천 년, 수만 년 된 전통적 예술 형식들을 밀쳐내고 온 세상을 뒤엎고 있다.[4]

샤머니즘과 무속이 판타스틱과 조우하는 지점도 바로 여기서 출발한다. 앞에서 지적한 바와 같이 샤머니즘과 무속은 '사유와 상상의 시스템'을 가지고 있고, 샤만과 무당은 무궁무진

한 상상계를 전해 나른다. 이것과 현실계 사이에서는 아슬아슬한 예술적·미학적 가치가 존재하게 되는데, 이제 드디어 우리의 출발점은 정해진 셈이다. 우리가 주목할 것은 영화에서 나타나는 샤머니즘과 무속이 가지고 있는 판타스틱한 아우라이다.

판타스틱 영화와 정체성

판타스틱 영화는 장르적인 개념으로 주로 공포, S.F., 판타지 영화를 말한다. 하지만 이제 한 영화를 구분해주는 장르적인 기준들은 점점 유명무실해지는 것이 현실이다. 영화 장르는 점점 하이브리드(혼성) 양상으로 치닫고 있고 한 장르의 전유물로 사용되던 특정 영화적 장치와 관습(convention)은 이제 모든 영화들에서 일반적인 영화적 기법으로 사용되고 있기 때문이다. 마치 판타스틱 영화의 전유물이던 특수효과가 눈물샘을 자극하는 전형적인 멜로드라마에서도 대수롭지 않게 쓰이듯이 말이다. 하지만 이런 장르적인 개념이 변화함에도 불구하고 판타스틱 영화는 전 세계 모든 영화관객들을 매혹시켜 왔고 그 영향력은 「해리 포터」와 「반지의 제왕」 시리즈로 인해 더욱 공고히 자리 매김하고 있다. 오히려 이제는 판타스틱 영화가 다른 장르의 불변하는 규칙들을 허물어뜨리며 영화의 경계선들을 확장시켜 나가고 있다.

서양 판타스틱 영화들은 전설과 신화에서 그 모티프를 차용한 모험이나 탐험을 다루는 판타지류 영화와 개인적인 욕망과 공동체의 욕망, 개인적인 욕구와 공동체의 욕구 간의 갈등을 놀라움과 무서움으로 분출시키는 공포·호러 영화들로 대표된다. 물론 여기 놀라이 양대 산맥을 제압하고도 남음이 있는 공상 과학 영화를 추가시켜야 영화를 공상 과학 영화는 다른 판타스틱 영화들과 마찬가지로 비현실적인 맥락에서 출발하지만 판타스틱의 시작점은 사뭇 다르다. 그 차이점은 '관객이 믿을 '관객이 과학'이다. 과학은 영화의 문제점과 해결점 모두의 근원이 되며 일반적인 상상력을 뛰어넘이 테크놀로지의 아름다움과 기계의 경이로움을 강조함으로써 우리가 목말라하는 환상 제대한 동경심을 자극영화.

리얼리티만으로 만족하지 못하는 우리의 상상력에 대한 목마름을 충족시켜 준 판타스틱 영화들의 정체성을 들여다보면 거기에는 친숙함보다는 낯설음이 들어 있다. 무언가 아쉬움이 남는 대목이다. 그 이유는 상상력의 갈증을 해소시켜 준 영화들이 우리 고유의 판타지 세계가 아니라 서구식 사유체계에 기반하고 있는 서구 판타지 세계이기 때문이다. 이 한쪽으로의 치우침은 우리의 전통 문화 속에 '판타스틱'이라 부를 수 있는 화두가 없기 때문인가? 그렇지 않다. 곰곰이 생각해보면 우리에게는 서양의 그것을 능가할 수 있는, 무궁무진하게 상상의 나래를 펼치게 해주는 환상성의 세계가 엄연히 존재하고 있다. 분명 우리 고유의 민담, 전설, 설화, 신화 속에는 서양 판타스틱의 원천과 견주어 전혀 부족할 것 없는 우리 고유의 판타지 세계가 있다. 때로는 할아버지, 할머니의 구수한 입담에서, 때로는 빛바랜 그림들과 먼지가 수북이 쌓인 오래된 책속에서 꿈틀꿈틀 살아 움직이던 환상의 세계. 그러나 우리들은 '근대화'라는 리얼리티 아래 우리 고유의 환상성의 지류들을 스스로 단절시켰고, 그 결과 이제는 서양 판타스틱이 친숙하게, 고유의 판타스틱이 낯설게 느껴지는 정체성의 '역전화'를 경험하고 있다.

한국 판타스틱 영화

서양 판타스틱 영화에 대한 연구에 비해서 한국 판타스틱 영화에 관한 연구는 유감스럽게도 아직도 걸음마 수준을 벗어나지 못하고 있다. 가장 큰 이유는 기존 한국영화에 대한 논의 중 대부분이 '리얼리즘론'을 중심으로 진행되어 왔고 이런 분위기 속에서 민족영화와 작가영화 그 어느 영역에도 속하지 못했던 판타스틱 한국영화에 대해 우리 스스로 평가절하를 해왔기 때문이다.

'판타스틱'은 한국영화를 횡단하는 틀인가?

한국영화사 전체에서 차지하고 있는 판타스틱 영화에 대한 위치나 한국 판타스틱 영화에 대한 세밀한 분류 그리고 한국 영화 정체성이라는 측면에서 판타스틱 영화가 어떤 역할을 담당하고 있는가에 대한 연구가 턱없이 부족한 실정에도 불구하고 마치 가뭄에 내리는 단비처럼 길잡이 역할을 해주는 몇몇 저서들이 있다. 그 중에서도 김소영의 「근대성의 유령들 : 판타스틱 한국영화」는 판타스틱 한국영화 연구에 대한 가능성과 한계점을 잘 보여준 연구이다. 이 가능성과 한계점은 한국 판타스틱 영화 연구에서 무속이 왜 중요한 위치를 차지할 수밖에 없는지를 역설적으로 보여준다.

먼저 김소영은 "환상양식이 한국영화의 단층을 새롭게 절단할 수 있는 분석의 틀"[5]이 될 수 있다는 상당히 도발적인 가설을 제시한다. 또한 "판타스틱 한국영화가 한국의 전근대와 근대를 연결해 주는 가교의 역할을 하며, 더 나아가 환상양식이 소위 리얼리즘이나 멜로드라마 그리고 작가영화에도 두루 스며들어 있을 뿐만 아니라 아예 그 상상력을 빌려주고 있다"(pp.51-52)는 주장은 한국영화 정체성 연구의 주류적 관점에서 보면 가히 혁명적이라고까지 할 수 있다.

김소영은 특히 판타스틱 한국영화 중 '괴기담 영화'와 '공포영화'에 집중한다. 그의 주장에 따르면 한국영화의 '괴기담 영화(시리즈)'는 원한을 품고 죽은 여귀 이야기에 집중적으로 쏠려 있다. 또한 서사적으로 보자면 대부분 민담이나 전설과 같은 전통 구전, 전근대의 이야기에서 유래한다. 즉, 영화를 통해 근대화 프로젝트에서 주변화된 여자의 한(恨) 같은 감성의 영역을 주로 다룬다.(p.45) 그에 반해 한국 '공포영화'는 합리성이나 계몽·근대화의 주체가 아닌 인물, 보다 정확하게 구분하자면 전통적인 여성 인물이 귀신으로 등장해 무속과 불교 그리고 유교적 질서와 싸움을 벌인다.(p.48) 이와 관련된 그의 논지 중 가장 매력적인 부분은, "이러한 영화에서 가장 열등한 것은 '여성 무당'이고 가장 우월한 것은 '학자(유교)'이며 '불교'는 그 사이에 위치한다"(p.20)는 주장이다.

이렇게 판타스틱 한국영화의 여백을 흥미롭게 뒤져나가는 그의 연구는 많은 가능성을 보여주고 있지만 한편으로는 연구 범위를 대부분 김기영 감독의 작품과 1960년대 영화들로 한정시키고 있다는 치명적인 오류도 가지고 있다. 따라서 마치 1990년대 다시 등장한 판타스틱 영화들, 예를 들어 「구미호」(1994), 「은행나무침대」(1996), 「퇴마록」(1997), 「여고괴담」(1998), 「조용한 가족」(1998), 「용가리」(1999) 등이 1970년대 이후 갑자기 등장한 것처럼 설명되고 있는 것이다. 하지만 이는 사실과 다르다. 1980년대에도 그가 규정하고 있는 판타스틱 한국영화는 존재하고 있었다. 김소영이 예를 든 임권택의 「불의 딸」(1983) 이외에도 이혁수의 「여곡성」(1986), 하명중의 「태」(1985), 고응호의 「화랭이」(1985)와 「불새의 늪」(1983), 변장호의 「무녀의 밤」(1982), 이두용의 「피막」(1980) 등이 있었다. 또한 그는 김기영과 동시대에 존재했던 판타스틱 영화도 외면하는 또 하나의 오류를 범함으로써 임권택의 「신궁」(1979), 변장호의 「을화」(1979), 이두용의 「초분」(1977), 하길종의 「한네의 승천」

(1977), 최하원의 「무녀도」(1972), 정진우의 「석화촌」(1972) 등과 같은 영화들을 연구대상에서 제외시키게 된다. 이렇게 근대성에 관한 범주를 스스로 단절시킨 가장 큰 원인은 판타스틱 한국영화에 작동되고 있는 '무속의 에너지'를 너무 미시적으로 보았기 때문이다.

무속에 관한 진실 혹은 거짓말, 그리고 왜?

물론 그가 판타스틱 한국영화와 무속과의 관계를 완전히 도외시한 것은 아니다.

한국영화에 빈번히 등장하는 무속적 제의는 주로 기독교적 모더니티에 대한 엑소시즘으로 사용되지만 그 효용성은 늘 회의된다. 샤머니즘은 스펙터클로 치유법으로 그리고 엑소시즘으로 사용되지만 종종 조롱의 대상이 되거나 기독교 혹은 불교적 힘에 의해 억압된다.(p.128)

무당의 주물은 근대적 물신인 돈과 경쟁하는 위치에 놓인다. 말하자면 근대의 페티시(물신)를 퇴마하기 위해 무당의 무기물(주물)들인 굿판의 소리와 무당의 방울이 활용되는 것이다.(p.104)

「원녀」(1973)에서 여자 무당이 행한 엑소시즘은 실패하는 반면, 남자 도사가 집행하는 불교적 색채가 강한 제의는 성공한다. 「월하의 공동묘지」 역시 조선시대 이후 한국사회에서 불교와 유교가 공식 질서에서 승인된 반면 무속신앙은 억압되었다는 사실과, 여성 무당과 남성 법사 사이의 신분 차이에서 비롯되는 것으로 보인다.(p.70)

위에서 보는 바와 같이, 김소영도 무속의 모티프가 한국 판타스틱 영화를 이해하는 데 있어 핵심요소라고 밝히고 있지만 더 이상의 구체적인 언급은 하지 않고 있다. 왜냐하면 그는 '무속의 에너지'라는 큰 틀에 집중하기보다는 '시네 페미니즘'이라는 지엽적인 시각을 가지고 무속을 바라보려 하기 때문이다. 그가 한국 공포영화에서 방점을 찍고 있는 부분은 무속의 작동이 아니라 '근대성과 여성의 연관성'이다. 물론 이런 미시적인 접근 방법이 잘못되었다는 말은 아니다. 하지만 문제는 지나치게 나무만 보고 있다는 점이다. 즉, 지나친 페미니즘 시각으로 인해 숲을 보지 못하는 우를 범하고 있는 것이다. 그는 "한국영화 속의 거의 모든 귀신들은 여성이다."라고 말하고 있는데, 그렇다면 외국 영화 속 귀신들은 대부분이 남자들인가? 비단 영화에서 등장하는 귀신의 여성성이 한국만의 고유한 특징인가? 또한 그의 주장대로라면 남자 무당이 행한 엑소시즘은 성공하고 여자 비구니가 집행하는 제의는 실패해야 한다. 과연 그러한 영화의 예가 있는가?

한국 판타스틱 영화와 무속과의 연관성 연구에서 정작 중요한 것은 '여성 무당과 남성 법사 사이의 신분 차이'가 아니라 불교와 유교 사이에 위치한 무속과의 관계 그 자체이다. 마찬가지로 「퇴마록」과 「여고괴담」에서 중요한 점은 남성과 여성이라는 잣대가 아니라 이들 영화에 내재된 정서가 바로 무속의 에너지와 맞닿아 있다는 사실이다. 예를 들어 왜 「여고괴담」에서 귀신으로 등장하는 진주의 신분이 무당의 딸로 설정이 되어 있는가? 무당의 딸이라는 설정으로 인해 관객에게 배가된 공포심은 무엇인가? 또한 「퇴마록」에서 기독교와 전통이 결합할 때 등장하고 있는 무속적 이미지는 어떤 역할을 하고 있는가? 이렇게 한국의 무속이 근대성에 의해 억압되고 소외되었다면 바로 그 지점에서 연구의 출발점을 찾아야 한다.

판타스틱 한국영화와 무속의 아우라

기존의 판타스틱 한국영화 연구의 취약점을 보완해주는 기제(機制)가 바로 한국영화에 등장하는 '무속'에 대한 본격적인 연구이다. 왜냐하면 한국 판타스틱 영화 속 '무속의 에너지'는 서구 판타스틱 영화와 차별되는 한국적 환상과 리얼리티가 만나는 지점이며, 근대화가 소외시킨 무속 및 판타스틱 영화를 소환하여 다시 부활시키는 패러다임이기 때문이다. 특히 한국의 무(巫)에는 자연과 인간의 포용, 타종교와의 자연스런 융합[유(儒)·불(佛)·선(仙)], 집단과 집단의 조화가 녹아 있다. 그러나 서양식 합리주의에 바탕을 둔 세계관이 새로운 가치관으로 자리 잡는 근대성의 과정에서 무(巫)의 전통은 함몰되었다.

실제로 이러한 무속의 정서는 1970년대부터 1980년대 후반까지 만들어졌던 판타스틱 영화 중, 무속을 소재로 한 작품에서 나타난다. 공간 면에서는 주로 바다와 섬, 서낭당을 강조하며(「태」「불새의 늪」「신궁」「초분」「무녀도」「석화촌」) 주제 면에서는 주로 천주교와 기독교의 유입으로 발생된 무속과의 갈등(「불새의 늪」「불의 딸」「무녀의 밤」「을화」「무녀도」)과 굿을 통한 복수와 한의 승화(「태」「화랭이」「신궁」「초분」)를 다루고 있다.

이제부터 구체적으로 한국영화에 등장하는 무속의 세계를 통해 서구 판타스틱 영화와 차별되는 한국적 환상과 리얼리티가 무엇이며, 한국사회의 근대성 내부에 잠재되어 있는 전근대의 작동이 무엇인지 알아보기로 하자.

무속을 통해 알아보는 한국적 환상과 리얼리티

한국영화에 나타난 무속의 패러다임

한국영화에 나타난 무속의 특징을 이해하는 데 있어 반드시 선행되어야 할 논의는 무속이 가지고 있는 '마이너리티의 대변과 결집'에 관한 기능이다. 이러한 특징은 무속이 여성과 맺고 있는 연관관계를 통해 단적으로 나타난다. 이러한 관계 설정을 제대로 파악할 수 있다면 좁게는 한국 무속이 유교·불교·기독교와 차별되는 위치와 기능이 무엇인가를 알아낼 수 있고, 넓게는 ─ 김소영의 표현을 빌리자면─ "전통사회와 현대사회 양자를 관통하는 교환유형의 측면"을 파악할 수 있게 된다.

반대로 이러한 역학관계를 지나치게 편협하게 보게 되면 한국영화에 등장하는 무속의 사회적 기능을 지나치게 평가절하 하는 오류에 빠지게 된다. 즉, 무속이란 단지 기독교와 불교에 의해서 억압된 전근대의 잔재이며, 무속이 실패하고 도태된 이유를 단지 무속은 여성이 집행하고 불교와 기독교는 남성이 집도하기 때문이라고 판단하게 되는 함정에 빠지게 되는 것이다.

왜 여성이 샤머니즘과 결부되고 있는가?

민속학이라는 테두리 안에서 연구되어 온 한국 무속의 특성 중 하나가 남성보다는 여성이 무당이 될 가능성이 높고 실제로도 여성의 수가 압도적이라는 점은 분명하다. 그렇다고 무당이라는 신분이 여성만의 독점적인 지위는 아니다. 남성이 무당이 되지 못할 이유는 없기 때문이다. 다만 명칭상 남무를 '박수'라 하고 여성을 '무당'이라 하는데, 보편적으로 무당이라는 말로 불리는 것을 보면 여성이 무당으로서 보다 보편적이라는 것이다. 그러나 여기서 중요한 점은 이러한 통계적 수치가 아니라, '왜 남성보다 여성에 무게중심이 쏠리고 있는가?'에 있다. 즉, 우리는 무속의 '여성성(la féminisation)'[6]에 대한 수수께끼를 풀어야 한다.

이 궁금증을 풀어줄 수 있는 매우 중요한 시스템이 바로 '복수(復讐)의 메커니즘'[7]이다. 복수란 누군가에게 손해나 피해를 당한 사람이 그만큼의 손해나 피해를 되돌려주는, 비교적 대등한 관계로 행해지는 일종의 사회적 갈등의 해소이다. 그러나 현실이란 것은 그렇게 간단하지 않다. '눈에는 눈, 이에는 이'라는 단순한 방법으로 세상의 모든 불화와 알력을 해결하기란 불가능하다. 바로 이때 샤머니즘이 개입을 한다. 즉, 샤머니즘은 개인과 개인에 대한 원망이나 개인과 집단에 대한 한(恨)을 푸는 기능을 가지고 있다.

최길성의 연구에 따르면 특히 한국인이 가지고 있는 '복수의 메커니즘'은 유별난 데가 있다. 즉, 산 사람 사이의 관계보다는 산 사람과 죽은 사람의 관계를 중요시한다. 물론 산 사람끼리의 원한 관계가 '복수의 메커니즘'에 의해서 해결되기도 한다. 그러나 한국에서는 이러한 생자(生者) 사이의 메커니즘은 지극히 약하다. 오히려 누군가에 대한 복수심을 가진 사람이라고 하더라도 직접 복수를 시도하기보다는 죽어서 한을 푸는 경우가 더 빈번하다. 특히 성격이 소극적이고 사회적 신분이 낮은 사람일수록 이러한 태도를 갖게 된다. 다시 말해, 내가 살아서는 적대자와 대등한 위치에 서 있기가 불가능하니까 원한에 대한 복수를 죽은 다음으로 미루는 구조이다. 따라서 살아생전에 복수하는 것보다는 죽어서 하는 것이 보다 효과적이라고 믿는다. 샤머니즘은 바로 이러한 메커니즘을 대행하거나 해결하는 데 크게 공헌하고 있다.[8]

이러한 '복수의 메커니즘'을 가지고 1960~1980년대 한국 공포영화를 바라보면 매우 흥미로운 경향이 있음을 발견하게 된다. 바로 '무속의 정서'가 녹아 있는 '복수의 메커니즘의 작동'이 그것이다. 이런 경향의 영화들에서 발견되는 보편적인 특징을 간략히 정리해보면 첫째, 주로 원한을 품고 죽은(자살 혹은 타살) 여성들이 귀신이 되어 생자(生者)에게 복수를 가한다. 둘째, 직·간접적인 방식을 통해 무속의 정서를 표현한다. 직접적으로 무당을 등장시키거나 원한을 달래기 위해 굿판이 벌어지고 때로는 무속을 상징하는 각종 부적, 도술, 주술도 등장한다. 셋째, 시대적 배경은 현대보다는 조선, 고려, 신라 등 주로 전근대를 배경으로 삼는다. 넷째, 혼령이 벌이는 '복수의 메커니즘'을 저지하기 위해 불교의 힘이 등장한다. 그러나 기존 연구의 선입견과는 달리 불교의 힘이 주술적 힘을 항상 억압하지는 못한다. 「흡혈귀 야녀」(1981)에서처럼 때로는 불교의 법력으로도 '복수의 메커니즘'은 저지되지 않는다. 다만 무속의 힘보다는 불교의 힘으로 원한이 치유되는 사례가 많을 뿐이다.

그렇다면 왜 그토록 한국영화에 처녀 귀신을 비롯한 '여자 혼령'이 많이 등장하여 '복수의 메커니즘'을 '무속의 틀'을 빌려 수행하고 있는 것일까? '여자 혼령'과 '복수의 메커니즘'의 관계는 상식적인 수준에서 간단히 유추해볼 수 있다. 남성중심의 부계제도 사회에서 여성은 남성보다 사회적 차별을 상대적으로 많이 받았고 그에 따른 사회제도에 대한 모순과 갈등, 부적응에서 오는 한이 많기 때문이다. 그러나 정작 중요한 것은 지금부터다.

여기서 무속과 한국영화가 맺고 있는 상관관계의 논의를 멈추게 되면 영화에서 등장하는 모든 '무속적 모티프'는 억압된 '여성'을 상징하는 기호가 되고, 반대로 영화에서 나타나는 '불교·유교·기독교의 모티프'는 우월한 '남성'을 상징하는 징후라는 도식에 빠지게 되는 우를 범하게 된다. 따라서 궁극적인 핵심은 "왜 하필이면 '복수의 메커니즘'이 무속과 결부되고 있는가?"에 있다. 그것은 곧 불교와 유교 사이에서 담당하고 있는 무속 고유의 제의적 기능과 연결된다.

유교·불교·기독교와 차별되는 무속의 제의적 기능

이 글에서는 무속이 타 종교와 차별되는 지점을 주로 제의(祭儀)에 국한시켜 논의하고자 한다. 그 이유는 첫째, 판타스틱 한국영화에 등장하는 무속적 모티프 중 대부분이 제의에 초점이 맞춰져 있고, 둘째, 무속이 타 종교와 비교하여 가장 극명하게 차이가 발생되는 지점이 단연 제사(祭祀)를 둘러싼 의례에 있기 때문이다. 먼저 유교와의 차이점[9]에 대해서 알아보자.

유교에서의 제사와 무속에서의 제사가 가지고 있는 가장 큰 차이점은 바로 '제사의 대상'이다. 단순하게 말하자면, 유교의 제례는 보통 노환이나 질병과 같은 '정상적'으로 생을 마감한 '조상'을 모시는 것이 기본이다. 하지만 무속의 제의는 오히려 '불행한' 죽음이나 사고로 죽은 '불특정다수'의 '원령

(怨靈)'을 달래는 것에 초점이 맞추어져 있다. 어떻게 보면 지극히 미세한 차이점인데도 불구하고 그로 인해 유교와 무속은 전혀 상반된 사회적 기능을 담당하고 있다.

무속과 마찬가지로 유교 역시 여성을 제사의 대상으로 포함시킨다. 그러나 유교의 제의를 가만히 들여다보면 '일정한 자격요건'이 구비된 여성에게만 국한되고 있음을 알 수 있다. 여성이 남성과 결혼했다고 해서 모두 제사의 대상에 포함되지는 않는다. 반드시 슬하에 자식이 있어야 한다. 왜냐하면 남편은 부인의 제사를 지낼 수 없고 자식만이 모친의 제사를 지낼 수 있기 때문이다. 그것도 딸이 아닌 아들일 경우에 가능성이 높아진다. 그것은 유교의 제사가 모녀관계보다 부자관계에 초점이 맞춰져 있는 데서 기인한다.

무속의 메커니즘이 작동하는 것이 바로 이 지점이다. 무속에서의 조상숭배는 유교에서처럼 좁은 의미의 조상숭배가 아니다. 즉, 무속에서는 원칙적으로 누구나 의례의 대상이 될 수 있다. 자식을 남기지 못한 여성은 물론이고 자신만 원한다면 죽기 전 미리 자신의 제사를 자기 손으로 충분히 지낼 수도 있다('산오구굿'). 또한 유교식 제사에서는 부모보다 미리 죽은 어린 자식의 제사를 지내는 것이 불가능하나, 무속에서는 의례의 대상이 된다. 물론 당연히 남녀의 성별 구분도 초월한다. 유교에서는 불행한 죽음에 대해서 처리할 방법이 없지만 무속은 이를 해결하는 것이다.

따라서 여성의 원령을 달래는 것은 주로 무속이 담당한다.

무속은 주로 유교라는 질서 속에서 소외될 수밖에 없는 여성과 밀착되어 있다. 특히 사회적 제도가 여성에게 심한 압박을 가했던(가하고 있는) 한국의 전근대사회(근대사회)에서 여성들이 샤머니즘에 깊은 관심을 가지는 것은 이러한 무속이 가지는 강한 매력 때문이라고 할 수 있다. 그래서인지 "여성은 비교적 쉽게 신이 내리고 무당이 되는가 하면 신이 내리는 장면에 잘 심취하여 동조하는 경향을 가지고 있다"는 것이 전문가들의 분석이다.

그렇다면 무속과 유교가 맺고 있는 이러한 관계 속에서 기독교는 어떤 위치를 차지하고 있는가. 결론부터 말하자면 기독교는 무속의 사자(死者)숭배와도 유교의 조상숭배와도 철저히 대립하는 구조를 가지고 있다. 주지하다시피, 기독교는 원칙적으로 유일신 이외의 어떠한 신도 인정하지 않을 뿐 아니라 우상숭배를 강력히 금지하고 있기 때문이다. 따라서 사자는 추도의 대상은 될 수 있어도 숭배나 의례의 대상이 될 수는 없다. 이 점은 무속이나 유교의 조상숭배와 근본적으로 상치되는 개념이다.

이제 남은 것은 무속이 불교와 맺고 있는 관계[10]이다. 무속과 불교의 관계는 타 종교와 무속이 맺고 있는 삼각관계를 풀 수 있는 중요한 실마리를 가진다. 불교가 한국에 전래된 이후 한국적 기반 위에서 한국적 특징으로 토착화되었다는 것은 잘 알려진 사실이다. 또한 한국 무속의 기원 역시 중국, 인도의 불교 및 도교에 영향을 받았다는 것이 정설이다. 따라서 무속과 불교는 서로 배척하기보다는 비교적 궁합이 잘 맞는 어떤 종교적 성향을 가지고 있다. 실제로 불교가 무속의 요소를 수렴하기도 하고 반대로 무속이 불교적 색채를 수용하기도 했다. 무당이 '장삼'을 입고 '고깔'을 쓰고 '바라'를 들고 춤을 추는 지노귀굿은 불교적 영향을 받은 대표적인 예이다. 지노귀굿은 죽은 이를 저승으로 보내는 굿이며 여기에는 불교의 사후관(死後觀)이 혼합되어 있다. 단지 차이점이 있다면 원래 무속에서는 불교의 지옥이란 관념이 거의 존재하지 않고 사람이 죽어서 저승에 가지 못하고 떠도는 신세가 되면 뜬귀나 잡귀가 된다는 점이다. 즉, 무속에서의 지옥은 저승으로 가기 위한 하나의 과정이나 의례에 불과하지, 극락에 대한 대립적인 구조는 아니다. 이런 점에서 볼 때, 불교는 무속의례에 형식성을 제공하고 있다고 볼 수 있다.

'복수의 메커니즘'을 승화시키는 불교의 법력

이렇게 한국 무속이 불교와 융합된 토착신앙이라는 점을 감안해볼 때 다음과 같은 추측이 가능해진다. 그렇다면 한국 공포영화에서 등장하는 '불교의 법력'은 '복수의 메커니즘'을 저지하는 반대급부가 아닌 '복수의 메커니즘'을 승화시키는 기제로 작동하고 있는 것은 아닐까. 왜 하필 유교도 아닌 기독교도 아닌 불교인가.

우선 당연히 유교는 '복수의 메커니즘'을 절대로 승화시킬 수 없다. 왜냐하면 한국 공포영화에 등장하는 거의 모든 여성의 한이 바로 '유교적 억압'에서 비롯되기 때문이다. 예를 들어「원녀」「반혼녀」(1973) 등에서 등장하는 처녀귀신의 한은 '혼례'라는 유교적 억압에서 비롯되며,「월하의 공동묘지」(1967), 「누나의 한」(1971) 등에서 나타나는 유교적 억압은 매우 차별적인 '신분 제도와 가족 제도'에서 비롯된다. 한 가지 흥미로운 점은 이러한 '유교적 억압'의 피해자와 가해자가 모두 여성이라는 점이다. 혈통과 가문을 중요시하고 적자와 서자 간의 차별이 심한 유교적 속성으로 인해 여성들은 또 다른 여성을 억압하는 것이다. 그래서 정실과 후실의 경쟁에서 살인이 발생하고 시어머니는 며느리를 죽음으로 몰아넣고 천민의 신분을 가진 여성은 양반의 특혜를 보유한 여성에 의해 박해받는다.

그렇다고 이렇게 억압받고 박해받아 죽은 여성 원귀들이 기독교를 통해 구원받기란 요원하다. 따라서 이제 복수를 멈추고 구원을 받을 길은 두 가지로 좁혀진다. 하나는 무속의 굿을 통한 길이고 다른 하나는 불교적 구원을 받는 길이다. 이 선택의 기로에서 결정적으로 작용하고 있는 것이 바로 '극락(極樂)'이라는 영혼적 공간이다. 앞서 설명한 바와 같이, 불교의 영향을 받기 이전에 무속 고유의 내세관은 불교적인 극락과 지옥(地獄)이 구분되지 않고 현세를 '이승', 내세를 '저승'으로만 구분했다. 이러한 '무속의 내세관'[11]은 불교가 들어온 후에야 비로소 극락/지옥과 같이 그 위치가 뚜렷하게 구분되어지게 되었다. 따라서 원귀에게 있어 구원의 정도는 무속의 '저승' 개념보다는 낙원(樂園)의 성격이 강조된 불교의 '극락' 이 더 강할 수밖에 없지 않을까? 때문에 필자의 시각으로는 한국 공포영화에 등장하는 '불교의 법력'은 무속을 억압하고 제어하는 권력의 시선이 아닌, 무속과 어우러져 하나로 융합 되는 씻김굿의 불교적 발현으로 보인다.

보는 이에 따라서는 이런 관점을 근거 없는 상상력의 산물 로 치부할 수 있을 것이다. 또한 '불교의 법력'을 아직도 남성 문화(불교)와 여성문화(무속)의 이분법적 대립으로 보는 이도 있을 것이다. 아마도 이러한 시각을 고수하는 이유는 불교적 힘을 행사하는 승(僧)은 남성이고 무속을 집행하는 무당이 여 성이기 때문인 것으로 보인다. 이런 유아기적 선입견에 사로 잡힌 이들에게 신상옥 감독의 「반혼녀」는 카운터펀치를 한 방 먹인다. 이 영화는 처녀귀신인 연화를 퇴치하기 위해 두 가 지 방법을 동원한다. 우선 무당(여성)을 불러 질펀한 굿을 한 판 벌인다. 결과는? 철저히 실패한다. 할 수 없이 이번에는 고 명한 도사(남성)를 초빙해서 퇴치하려 한다. 드디어? 아니다. 오히려 훨씬 더 참혹하게 실패한다. 왜 남성 도사가 엑소시즘 을 시전했는데도 성공하지 못했을까? 이유는 간단하다. 이들 은 연화를 '극락(極樂)'이라는 영혼적 공간으로 인도할 승천의 대상으로 본 것이 아니라, 반드시 생자(生者)에게서 제거해야 할 악귀로만 보았극락(極樂)'이여극서 우리는 지극히 평범한 사실(fact) 하나를 곱씹어 보아야 한다. 한국 무속에는 원래 박수보다 무당(여성)이 많이 존재하고 불교 역시 여승보다는 남승이 압도적으로 많다는 사실이다. 즉, 한국 공포영화에 등장하는 무당은 거의 여성이고 승은 항상 남성이라는 도식은 단지 한국 공포영화의 관습 혹은 끌리셰(cliché)에 지나지 않는다는 것이다. 이는 마치 서부영화에서 왜 흑인보다 백인이 훨씬 많이 등장하고, 왜 낙타보다 말이 많이 등장하는가 하고 우문(愚問)을 던지는 것과 같다

무속의 사회적 기능 : '마이너리티의 대변과 결집'

사실 한국영화에 등장하는 무속에 관한 대부분의 선입견은 무속을 지나치게 심령영화나 공포영화의 소재로만 한정시켜 단순하게 사고하는 것에서 비롯된다고 할 수 있다. 일단 한번 이런 함정에 빠지게 되면 무속을 소재주의적으로만 접근하게 된다. 특히 이러한 현상은 서구 영화 중 샤머니즘적 요소를 차용하고 있는 영화를 보고 있노라면 더더욱 수긍이 가는 대목이다. 서구 판타스틱 영화 중 샤머니즘적 모티프를 차용하고 있는 영화와의 비교를 통해서 얻을 수 있는 결론 중 하나는 분명 한국영화에 작용하고 있는 무속의 아우라에는 서구 판타스틱 영화와 차별되는 무엇인가가 잠재되어 있다는 것이다. 그렇다면 구체적으로 공포영화나 심령영화라는 소재주의적 발상을 넘어서는 한국 무속의 아우라는 무엇인가? 또한 그 아우라의 힘은 어디에서 비롯되는 것일까? 이 해답의 핵심을 무

속만이 수행하고 있는 사회적 기능에서 찾아보기로 하자.

극단적으로 말하자면 무속은 상류층보다는 일반 대중의 민간종교이다(물론 임원식 감독의 「박수무당」(1974)이 보여주듯이 궁궐에서도 무속은 존재하고 있었다). 양반들과 유생들은 무속을 미신으로 보고 배척했지만 오히려 민중들 사이에서는 결코 없어서는 안 될 필수불가결한 정신구조가 되었다. 왜냐하면 앞서 설명한 대로 무속은 부계 중심의 사회제도로 인해 소외된 이들을 위로할 수 있는 포용성을 갖고 있기 때문이다. 또한 유교·불교·기독교가 모두 경전이라는 문자매체를 통해 유지되는 것에 반해, 무속이 주로 구전과 의례를 통하여 전승되었다는 것은 무속이 문맹, 무식, 대중의 것이라는 점을 뒷받침해준다. 이러한 마이너리티를 대변하는 무속의 특성은 과학적 합리성과 근대성이라는 이름으로 거세되었으며, 민중의 결집을 두려워하는 기득권층으로부터 철저히 배척되었다. 그렇다고 무속이 불교나 유교에 비해 압도적으로 우리 민족문화의 전통과 주체의식을 대변한다고 말하는 것은 아니다. 그러나 한국 무속이 사회적 문제점이나 모순을 배출시키는 하나의 분출구로 기능했다는 점은 부인하기 어려운 사실이다. 무속은 분명 한 사회에 내재해 있는 갈등과 모순을 사회적 또는 종교적으로 처리할 수 있는 메커니즘으로 기능한 것이다. 따라서 무속은 대다수 한국인의 무의식적인 정신 구조에 녹아 있는 문화의 결정체이자 침전물이다.

혹자는 한국영화 속 어딘가에 잠들어 있는 무속을 깨우는 것에 대해 케케묵은 과거의 인습(因襲)에 대한 물신(物神)이라고 치부할지도 모른다. 그러나 한국영화 내면에 무의식적으로 잠재해 있는 무속은 단지 과거에 대한 환상이 아니다. 오히려 점점 더 파편화되어 가고 부조화로 신음하는 한국 현대사회에 대한 포용의 신명이다.

'무속영화'라는 새로운 한국영화 분류법의 필요성

한국영화 속에 내재되어 있는 무속의 모티프는 앞서 설명한 공포영화 이외에도 구체적으로 역사영화, 로맨티시즘 영화, 문예영화, 통속물 등 다양한 장르의 틀을 빌려 나타나고 있다. 이를 다시 극 전체에 미치는 무속의 모티프를 기준으로 좀더 세밀하게 분류하자면, 첫째, 무속의 모티프가 내러티브, 등장인물, 영화적 시간 및 공간 등을 통해 전면적으로 제시되는 작품과, 둘째, 무속의 모티프가 전면적으로 제시되지는 않지만 영화의 중심 주제를 위해 사용되는 작품으로 분류할 수 있다.

필자는 첫 번째 부류에 속하는 영화를 '무속영화'라는 새로운 틀로 묶어야 한다고 제안하고 싶다. 즉, 공포영화, 역사영화, 로맨티시즘 영화, 문예영화, 통속물에 나타나는 무속이 아니라 한국 판타스틱 영화의 갈래 중 '무속영화'라는 새로운 틀이 필요하다는 말이다. 이는 우리가 흔히 "과연 판타스틱 한국영화라는 실체가 있는가?"라고 반문하면서 "굳이 있다면 공포영화뿐이지."라고 스스로 제한을 두던 한계를 확장시키자는 말과 일맥상통한다(물론 판타스틱 한국영화를 공포영화와 '무속영화'로 한정시키자는 말은 아니다). 두 번째 부류에 속하는 작품들은 앞에서 필자가 명명한 '무속영화'의 분류가 왜 필요한가를 역설적으로 뒷받침해주는 의미를 가지고 있다. 다시 말해 '무속영화'의 분류는 서구 판타스틱 영화와 차별되는 한국 판타스틱 영화만의 특징이 무엇인가를 설명해주는 단서를 쥐고 있다는 말이다.

한국영화와 무속의 모티프

임권택의 「신궁」(1979)은 그의 작품 세계 중 「족보」(1978), 「서편제」(1993), 「축제」(1996)와 같이 '한국인의 정체성'을 탐구한 작품의 연장선상에 있는 영화이다. 「신궁」은 한국 무속이 가지고 있는 정신세계를 통해 한국사회의 부조리와 모순을 비판한다. 섬을 지배하는 선주의 계략으로 자신의 남편을 빼앗긴 무녀 왕년이는 더 이상 굿을 하지 않는다. 그러나 부도덕한 선주를 처벌할 수 있는 길은 만인에게 평등한 법의 힘이 아니라 오직 굿을 통해 가능하다. 「신궁」에서 보여주는 굿과 무당의 역할은 단순히 억울하게 죽어간 혼령을 위로하는 역할이나 마을의 풍어(豊漁)를 기원하는 굿의 의미를 넘어선다. 권력의 억압에서 숨죽이며 살아온 모든 이를 해방시키는 정의의 힘, 그것이 바로 「신궁」에서 보여주는 무속의 역할이다.

하명중의 「태」(1985) 역시 독특한 한국 무속의 세계를 잘 보여준다. 이 영화는 포스터에서 보이는 선입견과는 달리 에로티시즘이 전면으로 부각된 작품이 아니다. 그럼에도 불구하고 이 영화가 에로티시즘 영화 내지 통속물로 분류되고 있다는 점은 안타까운 일이다. 「태」의 무대는 일제 식민지 시절 외부와의 교류가 단절된 낙월도를 주된 공간으로 삼는다. 섬은 「신궁」에서와 같이 악덕 지주가 모든 경제권과 사법권을 독점하는 곳이다. 주민들이 잡은 고기는 일본인에게 팔아넘기고 대신 섬에 역마살이 끼었기 때문에 흉어(凶漁)가 들었다고 사람들을 속인다. 흥미로운 점은 「태」에서 등장하는 무당이 다른 영화에서 나타나는 무녀의 이미지와 상반된다는 점이다. 낙월도의 무당은 일본에 빌붙어 섬을 팔아먹는 선주에 기생한다. 무당은 그 권력이 두려워 헛가락과 헛춤을 추며 목숨을 부지하고 사람들을 기만한다. 또한 「신궁」에서 사용된 무당의 활은 「태」에서는 정의를 가로막는 권력의 무기로 둔갑한다. 따라서 자신의 역할을 하지 못하는 무당이 있는 섬은 서서히 죽어간다. 결국 신벌을 받는 무당을 대신해 태를 입으로 끊고 나온 아기가 새로운 섬의 탄생을 알리며 동시에 새로운 무당의 출현을 알린다.

두 작품이 암울한 현실에 대한 은유로 공간 면에서 주로 바다와 섬을 강조한 것에 반해 하길종의 「한네의 승천」(1977)은 토속적인 산간마을을 배경으로 삼고 있다. 또한 제의를 주관하는 무당이 여성이 아닌 남성이라는 점도 이채롭다. 특히 「한네의 승천」에서 벌어지는 산신제의 형태는 무속과 불교가 융합된 독특한 이미지로 나타난다. 이러한 이미지의 융합은 곧 불교의 윤회설과 무속적 내세관의 결합을 의미한다. 이 영화는 한네를 숭배하는 만명의 근친상간적인 애정과 마을의 제주(祭主)가 저지르는 욕정을 통해, 한국 사회의 부조리와 추악한 인간의 욕망을 고발하고 있다.

한편, 무속의 모티프가 전면적으로 제시되지는 않지만 영화의 중심 주제로 사용되는 작품의 예를 이장호의 「나그네는 길에서도 쉬지 않는다」(1987)와 임권택의 「태백산맥」(1994)으로 설명해보자. 언뜻 보면 무속과는 전혀 무관한 영화들로 보이지만 사실 두 영화의 중심에는 무속의 모티프가 깊게 각인되어 있다.

「나그네는 길에서도 쉬지 않는다」에서 사용된 무속의 모티프는 영화의 결말부에서 그 절정을 이룬다. 죽기 전에 고향으로 가려는 노인을 돌보던 간호사와 아내의 유골을 그녀의 고향인 북으로 보내려는 순석은 선착장에서 잠시 이별한다. 바로 그때, 간호사는 선착장에서 울리는 굿판 가락에 신이 들리고 덩실덩실 춤을 춘다. 한편, 「태백산맥」에서도 무속은 중요한 역할을 담당하고 있다. 영화에는 무신론자들이어야 할 빨치산이 죽은 아내의 영혼을 위로해 달라고 무당에게 부탁하는 장면이 나온다. 무당 역시 당 간부와 사랑하는 사이지만 굿을 결행한다. 그것도 처절한 전투 사이에서 말이다. 이 두 영화는 남북으로 갈라진 이념적 대립과 그에 따른 갈등을 담영화는 남북으에서 유사점을 가지고 있다. 하지만 그보다 더 중요한 공통점은 모두 무속을 통해 분단의 트라우마(정신적 외상)를 치유하고 민족 통일의 염원을 묘사하고 있다는 점이다. 이렇게 남북한을 통합하는 민중의 정신적 기반으로서 무당의 존재와 역할은 결코 전근대적인 유물이나 퇴행의 징후가 아니다. 오히려 무속의 모티프는 '전근대와 근대를 연결시켜주는 가교의 역할'을 담당하고 있으며 이는 근대성 내부에서 발생된 부조리를 승화시키는 전근대의 작동으로 파악해야 한다.

이상의 예를 통해 알 수 있듯이, 판타스틱 한국영화에 나타난 무속의 모티프는 일정한 사회적 기능을 담당하고 있다. 그것은 바로 '일상적인 구조와 질서를 해체 및 전복하는 기능'이다. 때로는 유교적 질서를 전복하며, 때로는 부조리한 권력구조와 이념구조를 해체한다. 즉, 무속에는 일정한 구조와 엄격한 질서가 승화된 포용과 신명이 녹아 있는 것이다.

한국 무속영화의 화려한 귀환

「4인용 식탁」(2003) : 공포의 근원으로서의 무속

1990년대 후반 이후로 한동안 단절된 것처럼 보인 한국영화 속 무속의 에너지는 「4인용 식탁」을 필두로 다시 우리 앞에 화려하게 귀환했다. 「4인용 식탁」은 이제까지 보아왔던 한국 공포영화와는 전혀 다른 확실히 차별된 스타일로 관객과 만난 작품이다. 어설프게 미국 슬래셔 장르의 틀을 빌려 화면 가득 피와 칼이 난무하지도 않고 그렇다고 머리를 풀어헤친 귀신이 등장하여 관객들을 위협하지도 않는다. 그러나 영화는 무섭다. 정말 슬프도록 무섭다. 공포의 울림은 눈과 귀와 머리 속에서만 맴돌지 않고 뼛속 마디마디까지 그 울림이 전달된

다. 시퍼런 도끼와 선혈이 낭자한 단도가 아무리 우리의 신체를 훼손한다고 해도 그 공포는 일시적이다. 공포의 근원 자체가 순간적인 말초 신경에 의존하기 때문이다. 그렇다면 영화가 관객에게 보여줄 수 있는 가장 두려운 공포는 무엇인가? 그 공포의 근원은 우리가 알지 못하고 기대하지 못했던 공포가 아니라 이미 알고 있지만, 아니 너무나 잘 알고 있어서 인식하지 못했던 익숙한 두려움에서 출발한다.

「4인용 식탁」이 우리에게 차려놓은 공포의 근원은 두 가지로 요약된다. 하나는 '가족'이라는 제도가 만들어낸 두려움과 상처이고, 또 다른 공포의 근원은 바로 무속이다. 그렇다. 뿌리 깊은 유교적 관습에 얽매여 있는 우리에게 가족은 한편으로는 언제나 우리를 반겨주는 그리운 어머니의 품 그 자체이지만 역설적이게도 동시에 절대로 벗어날 수 없는 커다란 굴레이다. 무속 역시 마찬가지이다. 근대화의 과정에서 철저하게 소외시키면서 애써 우리의 곁에서 지우려고 했으나 무속은 우리 삶의 영역에서 결코 사라지지도 않으며 그 영향력이 축소되지도 않는다. 하나만으로도 견뎌내기 벅찬 공포의 근원을 절묘하게 씨줄과 날줄로 옭아맨 「4인용 식탁」은 그래서 무서울 수밖에 없다. 그런데 희한한 일이 벌어진다. 「4인용 식탁」을 보고 나온 사람들은 무척 당황스러워 한다. 공포심이 느껴지지 않는다는 것이다. 심지어 공포의 실체가 보이지 않는다고 말한다.[12] 도대체 「4인용 식탁」이 제공하는 무한한 공포심이 왜 관객들에게 제대로 전달되지 않은 것일까?

앞서 지적한 대로 「4인용 식탁」에서 작동되고 있는 공포의 근원 중 하나는 분명 '가족'이다. 특히 영화의 중심인물인 정원(박신양)이 짊어지고 있는 막연한 가족에 대한 두려움은 불행했던 어린 시절의 상처와 두려움에 기인한다. 이런 가족이라는 공포의 근원은 강렬하지는 않지만 적절히 절제된 화면과 긴장감 있는 사운드의 사용으로 관객에게 증폭된다. 여기까지만 보더라도 「4인용 식탁」은 분명 한국 공포영화의 새 지평을 연 역작으로 평가받기에 충분하다. 하지만 진정한 공포의 실체에 접근하기에는 무언가 부족하다. 「4인용 식탁」에 숨겨져 있는 근원적인 공포의 출발점은 '가족'이 아니기 때문이다. 한국사회의 근대성 내부에서 작동되고 있는 무속의 아우라. 그것이 바로 우리가 진짜 만나야 될 「4인용 식탁」이 차려놓은 진정한 공포의 세계이다. 자! 이제 무속의 아우라와 함께 「4인용 식탁」의 필름을 다시 거꾸로 감아 보자.

무속의 작동 : 강신무와 세습무

영화에서 주요 인물이 맺고 있는 무속과의 연관성을 먼저 알아보면 의외로 공포의 근원은 쉽게 풀어진다. 우선 정원(박신양)을 중심으로 펼쳐지고 있는 스토리 구조를 알아보자. 인테리어 디자이너 정원은 어느 날 지하철 객차에 어린아이 둘만 자고 있는 것을 본다. 자기 자신도 막 잠에서 깨어나 정신이 덜 들었기 때문에 그냥 그 아이들을 놓아두고 내린다. 다음

날 그 아이들이 지하철에서 죽은 채로 발견됐다는 보도가 나온 후 정원은 무언가 크게 잘못되었다는 생각이 든다. 자신에게 또 하나의 새로운 죄책감이 생긴 것이다. 만일 자신이 그 아이들을 깨웠었다면 죽음을 막을 수 있었을까? 이런 생각에 사로잡혀 있던 바로 그날 정원은 공사 현장에서 작은 사고를 당한다. 부실 공사 탓에 배선을 이리저리 찾다가 그만 천장에서 떨어진 자재에 이마를 찢기게 된 것이다. 머리에 가해진 이 충격은 단지 시간이 지나 아물게 되는 상처가 아니다. 자신의 기억 속에 지워져 있던 끔찍한 과거와 마주하게 되는 찰나이며 동시에 잠들어 있던 무속의 에너지를 깨우게 되는 순간이다. 바로 그날 저녁, 정원은 자신의 집에 있는 식탁에 그 아이들이 앉아 있는 걸 보게 된다. 하지만 이 순간까지는 정원에게 있어 죽은 귀신의 모습은 공포라기보다는 그저 도망치고 싶은 악몽에 불과하다. 공사 현장에서 밤을 지새운 정원은 그렇게 찾으려고 해도 찾지 못한 배선이 있는 위치를 신기하게도 너무나 쉽게 찾아낸다.

언뜻 보면 그냥 놓치기 쉬운 이 장면은 사실 전체 영화적 맥락에서 매운 중요한 순간이다. 관객에게 정원의 내면에 잠들어 있던 무속의 '신기'가 깨어났음을 알려주는 단서이기 때문이다. 만약 이 장면의 숨은 뜻을 놓치게 되면 이 영화는 그저 "정원이 귀신을 보았다"는 내용 그 이상도 그 이하도 아니게 된다. 말 그대로 「식스 센스 The sixth sense」(1999)의 아류로 취급될 수도 있다는 말이다. 그러나 정원이 귀신을 보게 된 것은 결코 우연이 아니다. 자신에게 숨겨져 있던 무당의 능력이 발현된 덕분인 것이다. 산 자와 죽은 자의 경계를 볼 수 있다는 것이 바로 무당의 능력이다.

정원의 무속적 능력은 그의 끔찍한 어린 시절과 관련이 있다. 1970년대 달동네에 살고 있던 정원은 어느 날 참혹한 사고 현장을 목격한다. 쓰레기 청소차에 한 아이가 치여 사망한 것. 운전사는 아이의 시체를 하수구에 유기한다. 마을 사람들은 실종된 아이를 찾아 나서고 이때 정원은 그 아이가 버려져 있던 하수구를 지적한다. 마을 사람들과 주정뱅이 아버지는 정원에게 진짜 신기가 내린 것이라고 오해하고 그때부터 정원의 인생은 180도 바뀌게 된다. 자신의 의지와는 상관없이 말 그대로 '선무당'이 된 것이다. 그러나 신이 내리지도 않았으면서 아버지의 술값을 벌기 위해 차린 무당집이 제대로 될 리가 없다. 하나 둘씩 손님은 떨어져 나가고 화가 난 아버지는 정원을 구타한다. 지독한 폭력과 학대로 인해 정원은 아버지와 함께 죽으려고 방안에 연탄불을 피워놓는다. 하지만 정원의 자살기도는 동생만큼은 살려보겠다는 간절한 염원마저 짓밟고 오히려 동생을 태워 죽이고 만다. 이 사건은 살아남은 정원에게 씻지 못할 죄책감을 남긴다. 결국 그 충격으로 그는 7살 이전의 기억을 송두리째 잃어버리게 된다. 그러나 20년이 넘게 잠재되어 있던 죄책감은 죽은 아이들을 본 순간부터 정원에게 일종의 신내림으로 전이된다. 동생을 죽였다는 죄책감과 아이들의 죽음을 방치했다는 또 다른 죄의식이 어떻게 신내림으로 이어진 것일까? 정원의 무의식 속에 잠재해 있던 무당의 능력을 강신무(降神巫)를 설명함으로써 풀어보자.

강신무란 신이 들리는 체험을 통해 무당이 되는 경우를 말한다. 이는 가계(家系)에 의해 사회적 신분으로 무업(巫業)을 이어받아 굿을 하는 세습무와 대치되는 개념이다. 보통 강신무와 같이 신들린 무당은 대개 병으로 그 신기가 시작된다. 아무런 이유 없이 식사를 하지 못하고 불면증에 시달리며 환청을 듣거나 환영을 보는 등 정신적인 병에 걸리는 예가 대부분이다. 「4인용 식탁」에서는 이런 무병의 형태가 정원의 어린 시절의 기억에 관한 악몽으로 반복해서 암시된다. 강신무에서의 증상이 어떠하든 이러한 병은 의학적인 치료로 낫지 않는다. 궁극적이고 완전한 치료는 '내림굿'을 하는 데 있다. 내림굿은 일종의 무당이 되기 위한 입무의례(入巫儀禮)이다. 만약 내림굿을 받고 병이 나았다면 그것은 곧 신병이었다는 증거가 되는 것이다. 하지만 정원은 내림굿을 받지 않는다. 오히려 자신이 처한 현실을 부정하고 받아들이려 하지 않는다. 무병에 대한 회피로 정원이 선택한 도피책은 기독교가 주는 공간과 시간이다. 하지만 아무 소용이 없다. 아버지가 운영하는 일산의 교회 집으로 가지만 끔찍한 악몽은 계속해서 반복된다. 또한 정원은 연(전지현)에게 자신들이 가지고 있는 무속적 능력을 병이라고 규정지으며 병원에서 고칠 수 있다고 말하기까지 한다. 실제로도 신병에 걸린 것이 확실한데도 내림굿을 받지 않는 경우 그에 따른 신벌이 닥친다. 예를 들어 집안에는 우환이 넘쳐나고 가족 중에서 불상사를 당하는 일이 생기거나 심지어 가족 중 누군가가 영문도 모른 채 죽기까지 한다. 영화에서 정원에게 내린 신벌은 그의 죄의식을 더 증폭시키는 것으로 형상화된다. 자신의 동생을 죽인 죄책감에 연을 자살까지 몰고 간 자신의 행동이 추가가 되는 것이다. 이는 영화의 마지막 장면에서 '4인용 식탁'에 죽은 두 아이와 연의 귀신까지 나란히 앉아 있는 것으로 상징된다.

영화에서 등장하는 또 다른 무당의 형태인 세습무(世襲巫)는 연(전지현)을 통해 구체화된다. 알 수 없는 두려움에 휩싸인 정원은, 한 신경정신과 인테리어 공사를 맡게 되고 그곳에서 운명적으로 기면증(嗜眠症) 환자 연을 만나게 된다. 「4인용 식탁」에서 연이 맡고 있는 캐릭터의 역할은 크게 두 가지로 설정된다. 첫째, 정원의 무의식 속에 봉인되어 있는 공포의 실체에 접근하게 해주는 영매(靈媒)의 역할, 둘째, 결국 자신의 자살을 통해 정원에게 죄의식을 더해주는 신벌(神罰)의 역할을 담당한다.

영매의 역할은 정원이 기면증으로 정신을 잃은 연을 자신의 집으로 데려오는 장면에서 시작된다. 정원의 4인용 식탁 앞에서 "아이들 침대에 눕혀야겠네요."라는 대사가 등장하는 이 시퀀스는 영화전체에 공포심을 증폭시키는 극중 긴장감을 선사한다. 먼저 정원은 죽은 아이들의 모습이 보인 후 일산의 교회로 거처를 옮겼다. 자신에게 나타나는 그 무시무시한 환영이 진실이 아니기를 바랐기 때문이다. 하지만 연으로 인해 어쩔 수 없이 다시 아파트로 돌아와야만 했고 거기다가 연도 자신이 본 것을 볼 수 있다는 사실을 알게 된 정원으로서는 그 환영이 자신의 죄책감이 만들어낸 환상이 아니었음을 자각하는 계기가 된다. 자신은 실제로 귀신의 모습을 본 것이다. 이후 정원은 그녀에게 필사적으로 접근하고 연이 타인의 숨겨진 과거를 볼 수 있는 능력을 지닌 무당의 딸이라는 것을 알게 된다.

'무당의 딸'인 연의 등장. 이제 「4인용 식탁」은 무속을 영화 전면부에 제시한다. 연이라는 캐릭터를 통해 영화에 등장한 무속의 모티프는 관객에게 공포의 근원에 접근할 수 있는 실마리를 제공한다. 이제 관객은 정원과 연이 왜 귀신을 보게 되고 어떻게 타인의 과거를 읽어낼 수 있는 능력을 갖게 되는지에 대해 '수긍'할 수 있게 된다. 여기서 중요한 점은 관객에게 제공되는 '무당의 딸'이라는 설정이 가지고 있는 힘이다. 만약 연이 극중에서 무당의 딸이라는 부차적인 설정 없이 단순히 '초능력'을 지닌 신비한 여인으로 등장했다면 관객에게는 공포의 긴장감이 배가되기는커녕 오히려 더 감소했을 것이다. 왜냐하면 관객이 느끼는 공포심에는 개연성이 있어야 하기 때문이다. 무당이 타인의 과거를 보며 아픈 상처를 보듬어 준다는 설정과 초능력자가 단순히 등장하는 것은 관객에게 있어서 엄청난 심리적인 차이를 가져오게 된다. 이러한 차이점을 강조하기 위해 영화는 연을 불행으로 가득 찬 무당의 딸로 묘사하고 있다.

영화는 연의 이런 능력을 '기면증'이라는 정신병의 형상과 교묘하게 중첩시킨다. 신경정신과 의사의 눈에는 연의 기면증은 일종의 심한 우울 상태에서 나타나는 환시 증세이며 그로 인해 판타지를 보는 정신병 그 자체이다. 그러나 영화에서 보이는 기면증은 오히려 무당에게 나타나는 '트랜스(Trance)'나 '엑스타시(Ecstasy)'라고 볼 수 있다. 트랜스란 보통 호흡이 가빠지고 감각도 소실하여 자의로는 복귀할 수 없는 긴장상태를 말한다. 다시 말해 정상인이 신적 카리스마를 소유하기 위해 치르는 과정에서 표현되는 상징적인 형상이다. 쉽게 말해 앞서 말한 무병인 셈이다. 엑스타시는 이러한 트랜스 과정과 병행해서 일어나는 일종의 탈혼(脫魂)상태이다.

일단 무당이 된다는 것은 자신의 무병을 치유하고 다른 사람을 돕는 새로운 존재로 태어난다는 의미를 담고 있다. 다시 말해 무당의 존재 이유는 타인을 돕는 조력자로서 기능을 수행하는 데 있다. 그러나 연은 자신이 가진 능력 때문에 점점 불행에 빠져드는 무당의 딸로 그려진다. 연의 신기는 문정숙(김여진)과의 관계에서 구체적으로 그려진다. 평소 친하게 지내던 정숙을 따라 병원에 갔던 연은 MRI 검사장에서 정숙과 함께 끔찍한 형상을 보게 된다. 우물 속에 던져진 어미와 그 어미의 시체를 뜯어먹으며 생존한 문정숙의 기억. 정숙은 연을 통해 잃어버린 자신의 과거와 대면하게 되지만 그 진실의 무게를 감당하지 못한다. 결국 정숙은 밝혀진 자신의 과거로 인해 괴로워하다가 연의 아이를 아파트 베란다에서 떨어뜨리고 이 충격으로 연은 기면증이라는 병을 얻게 된다. 설상가상으로 가족들마저 그녀에게 등을 돌리기 시작한다. 남편은 자식을 죽인 진짜 범인이 연일 것이라는 의심을 떨치지 못한다. 연이 가진 타인의 과거를 볼 수 있는 그 능력을 받아들이지 않는 것이다. 이는 곧 무당의 딸이라는 아내의 가족사를 불신하는 것과 같다. 연은 결국 자신의 어머니가 걸었던 외롭고 천대받는 삶을 답습하게 된다. 영화에서는 정원과의 대화에서 대략적으로 연이 무당인 어머니를 미워하지는 않았으되 자신도 무당의 피가 흐르고 있다는 현실은 거부했던 것으로 암시된다. 어쩌면 이로 인해 연도 일종의 신벌을 받은 것으로도 볼 수 있다.

하지만 절망 속에 빠져있던 연에게도 구원의 존재가 다가온다. 정원이 연의 능력을 빌려 자신의 과거사에 대해 알려는 의도로 "연이 말하는 모든 것을 믿을 수 있다"고 말했기 때문이다. 정원에게 연이 마지막 희망인 영매이듯이 연에게도 정원은 무당의 존재 의미를 확인해줄 수 있는 마지막 보루였던 셈이다. 하지만 막상 정원도 자신의 기억 속 진실을 보게 되자 연에게 등을 돌리며 그녀를 원망하고 불신한다. 무당의 존재 의미를 상실한 연은 사람들이 차마 기억하지 못하는 것을 보게 해주는 자신의 능력에 대해 회의한다. "사람들은 무언가를 겪었기 때문에 믿는 것이 아니라 감당할 수 있을 때만 뭔가를 믿으며, 감당 못할 진실은 진실이 아니다."라고 생각하는 것이다. 결국 연이 선택할 수 있는 것은 자살밖에 없다. 자살을 통해 정원에게 자신의 존재가치를 보여주려 한 것이다. 결국 이 비극적 결말은 정원에게 자신이 가지고 있는 무속적 능력의 불신에 대한 신벌로서 다가온다.

영화적 공간을 통한 무속적 모티프의 발현

「4인용 식탁」이 그려내는 공포는 단지 상상 속에 존재하는 피상적인 공포가 아니다. 영화는 영화적 공간과 무속의 이미지를 통해 근대화 과정에서 소외된 한국사회의 어두운 단면을 반영하고 있다. 남편이 가출해 생활이 어려워지자 아이들을 독살하는 어미, 고독감과 인간에 대한 불신을 이기지 못하고 아파트 옥상에서 몸을 던지는 여인들, 눈앞에서 사람이 죽어가도 아무런 일도 할 수 없는 1970년대 달동네의 할머니와 아이. 어쩌면 영화가 보여주는 가장 무서운 공포는 근대화와 도시화가 만들어 낸 폭력적인 현실인지도 모른다. 「4인용 식탁」은 3개의 대립되는 무속적 공간을 통해 이런 근대화가 만들어 낸 한국사회의 내부를 처절하게 되새김질한다.

영화의 주 공간이자 정원과 연이 거주하는 목동의 아파트 단지는 현대도시에 존재하는 무속적 에너지를 표현하는 공간으로 그려진다. 아파트라는 고립된 공간은 모던한 분위기의 4인용 식탁이 자리 잡고 있는 물리적 공간이지만 동시에 근대화 프로젝트에 의해 철저히 주변부로 밀려난 무속이 도시인의 무의식 속에 잠재되어 나타나는 심리적 공간이기도 하다. 홍미로운 점은 정원의 아파트나 연의 아파트 공간 어디에도 무속이나 기독교를 상징하는 종교적 이미지는 등장하지 않는다는 점이다. 이는 정원의 기억 속의 공간과 교회에서는 무속과 기독교를 상징하는 이미지가 직접 등장한다는 점과 극명히 대조된다. 영화는 이렇게 무속적 이미지를 직접적으로 사용하는 것을 의도적으로 배제시킴으로써 관객에게 공포의 근원을 의도적으로 모호하게 만들어 버린다. 대신 영화는 아파트 공간에 간접적인 무속적 상징을 삽입시킨다. 바로 고양이의 이미지이다.

「4인용 식탁」에서 등장하는 고양이의 이미지는 명백히 무속적 이미지를 상징한다. 첫 번째 고양이는 정원이 새벽기도 후 연의 아파트에 도착할 때 등장한다. 거의 도착했을 무렵 정원의 자동차는 갑자기 멈춘다. 이때 카메라는 자동차 앞에서 움직이지 못하고 울어대는 고양이 한 마리를 보여준다. 연이 그토록 싫어하는 고양이를 본 후 다시 기면증이 발동이 된 것인지 아니면 이 갑작스런 멈춤과는 아무 상관없는 감독의 의도였는지는 분명하지 않다. 하지만 이 계기로 정원은 다시 그토록 피하고 싶었던 자신의 아파트로 연을 데려온다. 결국 정원은 그녀도 자신이 본 죽은 아이들의 모습을 볼 수 있음을 알게 된다. 두 번째 고양이의 이미지는 연의 무의식과 관계가 있다. 엘리베이터 안에서 만나 결국 나중에 옥상에서 투신자살하는 여인이 들고 있던 고양이. 연은 정신과 상담 녹취록에서 "저는 고양이가 싫어요. 어머니는 고양이는 키우는 것이 아니라고, 고양이는 영혼이 있다고, 고양이는 복수한다고 했어요."라고 말을 한다. 또한 정원에게는 자신은 고양이의 울음소리가 마치 아이의 울음소리를 연상시키기 때문에 싫다고 언급한다. 연에게 있어 고양이의 상징은 외로움에 사무친 여인을 달래주지 못한 자신의 죄책감의 상징이자, 동시에 잃어버린 자신의 아이를 연상시키는 매개물이며, 궁극적으로는 연에게 내리는 일종의 신벌의 상징으로서 기능하고 있다.

아파트의 공간과 대립되는 영화적 공간은 정원의 악몽과 기억의 진실 속에서 꿈틀되어 재생되는 1970년대 달동네이다. 보기만 해도 숨이 막힐 정도로 좁고 가파른 산동네의 오르막길. 고도성장의 뒷골목에서 파괴되고 한없이 짓이겨진 그 자리에 정원의 '신동보살집'이 보인다. 어린 정원이 그려내는 동그라미 나선형 부적들은 결국 정원의 묻혀 있던 기억을 이끌어내는 대단히 중요한 상징이자 평생 간직하며 살아야 하는 죄의식의 근원이다. 또한 어린 동생을 숨긴 벽장 앞의 무신도와 신단 앞의 촛대, 옥수 그릇, 방울, 신칼, 점통 등의 무구들. 영화상으로는 대단히 빨리 커트되는 이미지들이지만 영화 전체에서 차지하는 상징적인 역할은 커트의 길이에 비례하지 않는다.

또 하나의 영화적 공간은 일산의 '새빛교회'이다. 정원은 죽은 두 아이들을 본 후 다시 악몽이 시작되면서 정신적 평온을 얻기 위해 거처를 옮긴다. 새빛교회는 정원의 아버지가 목사로 있는 곳으로 '1970년대 달동네 개척교회의 신화'를 간직

한 곳으로 형상화된다. 이 공간은 영화에서 정원의 과거와 현재 그리고 미래를 이어주는 가교 역할을 담당하며 보다 궁극적으로는 무속과 기독교의 갈등을 상징한다. 우선 교회 앞에 걸려 있는 '1970년대 달동네 개척교회의 신화'라는 플래카드는 과거 정원의 정신적 외상(外傷)과 관련이 있다. 알코올중독자인 아버지에 의해 학교도 못 가고 선무당이 된 정원에게 지금의 아버지인 강목사가 학교에 가자고 제안하고 결국 정원은 혼자 살아남아 강목사 집안에 입양됨으로써 기독교로 일종의 개종을 하게 된다. 이때 무속과 기독교의 첫 번째 갈등이 일어난다. 두 번째 갈등은 정원이 악몽을 피해 교회로 거처를 옮기면서 일어난다. 그러나 정원의 기대대로 악몽은 멈추지 않고 오히려 정원의 꿈속에서는 어린 시절의 단편적인 기억들이 퍼즐을 맞추듯이 서서히 표면화된다. 또한 미래의 자신의 운명을 결정하는 데 결정적인 역할을 담당하는 연과 만나는 계기도 일산 새빛교회에서 시작된다.

한편 무속과 기독교를 대표하는 상징적 이미지의 충돌 역시 공포의 근원이 무속의 모티프라는 점을 암시해준다. 가장 주목할 만한 이미지의 충돌은 새빛교회에 있는 정원의 방에 걸린 '예수사랑'이라는 액자를 통해서다. 방 오른쪽 벽면에 걸려 있는 액자의 이미지는 시종 영화에서 나타난다. 우선 정원의 반복되는 악몽이 깨어나는 장면에서 카메라는 제일 먼저 이 액자를 보여준다. 꿈속에서의 무속의 이미지와 현실에서의 기독교의 이미지를 충돌시킴으로써 이 악몽이 결코 교회라는 영혼적 공간에서 해결되지 않음을 암시하고 있다. 또한 이 '예수사랑'이라는 액자의 이미지는 영화 후반부에 정원이 연을 통해 자신의 출생의 비밀을 알고 강목사에게 확인받으려는 장면에서 다시 부각된다. 카메라는 교묘히 왼쪽 프레임에 정원을 그리고 오른쪽 프레임에 '예수사랑' 액자를 두고 그 바로 옆에 아버지를 위치시킨다. 이 구도는 관객에게 자신을 길러 준 강목사의 나약한 인간으로서의 이미지를 보여줌으로써 정원이 연을 배척하고 무당으로서의 자신의 운명을 거부할 것임을 암시한다. 무속과 기독교의 이미지 충돌은 정원이 연의 힘을 빌려 자신의 잊혀졌던 어린 시절을 회상하는 장면에서 교회의 십자가와 무당의 깃발을 교차편집시킴으로써도 강조된다. 마지막으로 중요하게 등장하는 이미지의 심리적 충돌은 정원의 자동차 백미러에 걸려있는 십자가의 이미지로 상징된다. 정원의 자동차가 등장하는 장면에서는 어김없이 등장하는 이 십자가는 항상 프레임 중앙에 위치하며 이로써 정원의 심리적인 공황 상태와 기독교의 상징물은 교차된다.

「오구」(2003) : 전통 무속영화의 부활

포용과 조화와 신명의 굿

「오구」는 2000년대 부활한 무속영화 중 장르나 스타일 면에서 단연 돋보이는 영화이다. 우선 무속 그 자체가 주인공인 영화라는 점에서 1970년대와 1980년대에 등장했던 전통 무속영화의 연장선상에 있는 영화이고 특히 굿이라는 매개를 통해 우리 고유의 포용과 조화와 신명을 보여준다는 점에서 기존 영화들과 차별된다. 「오구」에서 굿은 신과 인간, 삶과 죽음, 이승과 저승, 불행과 행운이라는 이항대립적인 구조를 조화시키고 갈등을 완화시키는 역할을 담당하고 있다.

굿은 음악과 춤, 주술과 드라마, 언어와 이미지들이 함께 어우러져 있는 종합적인 예술 체계이다. 굿의 목적은 신을 즐겁게 하는 것이기 때문에 본래부터 예술성을 내포하고 있다. 이러한 굿의 예술성은 연극적인 측면과 시각적인 측면으로 구성된다. 먼저 굿의 큰 중심을 잡아주는 일정한 내러티브 양식과 신과 인간이 나누는 극적인 대화의 예술은 다분히 연극적 체계라고 할 수 있다. 그러나 굿의 구성 요소는 꼭 연극적인 부분만 있는 것은 아니다. 굿의 예술성을 제대로 이해하기 위해서는 연극적인 속성 못지않게 이미지를 통한 시각적 표현과 상징들을 살펴보아야 한다. 이러한 것들은 영화 매체와 잘 어우러지는 요소이다.

「오구」는 1989년 초연된 뒤 지금까지 270만 관객을 동원했다고 알려진 연극 「오구-죽음의 형식」을 영화로 옮긴 작품이다. 「오구」는 연극에서 영화로의 재창조과정을 통해 굿의 연극적인 속성을 영화적 장치들을 통해 그려내는 미학적인 성과를 이루어내었다. 영화의 제목인 「오구」는 경상도 지역의 사령제인 '오구굿'을 일컫는 말이다. 오구굿은 서울 지방의 지노귀굿과 마찬가지로 죽은 이를 저승으로 보내는 무속의례를 말한다.

오구굿의 제상(祭床)은 크게 두 가지이다. 하나는 망자상(亡者床)이고 다른 하나는 사자상(使者床)이다. 망자상은 죽은 영혼을 위한 상이고 사자상은 죽은 이를 데리고 가는 저승사자를 위한 제상이다. 굿의 주인공이라고 할 수 있는 망자를 위한 망자상이 크고 제물이 많은 데 비하여 사자상은 초라하다. 저승사자는 사람이 죽을 때 사망자의 집에 와서 데려가는 역할을 하는 신이다. 그러므로 사자는 이번에 처음 오는 것이 아니고 사람이 죽었을 때 이미 이 집에 왔던 적이 있고 죽은 사람과도 아는 사이다.13) 특히 영화에서 황씨 할머니를 위해 열리는 '산오구굿'은 굿의 종류 중에서도 매우 특이한 굿이다. 보통 산오구굿은 죽어서 자신의 제사를 지내줄 후손이 없는 이가, 죽기 전에 미리 자신의 제사를 자기 손으로 충분히 지내 결국 극락으로 가기 위해 여는 굿을 말한다. 이는 전통적 유교식 제사에서는 불가능한 방식을 무속의 틀을 빌려 수행하는 일종의 마이너리티의 대변이다. 이제 영화에서 이러한 굿의 양식이 어떻게 구현되었는지를 살펴보자.

굿을 통한 용서와 화해

어느 날 마을에 난데없이 저승사자 3명이 나타난다. 이들의 목적은 저승으로 황씨 할머니(강부자)를 데려가기 위한 것. 이들은 황씨 할머니의 죽은 남편으로 변신해 꿈속에 나타나 죽을 날이 가까웠음을 알린다. 이에 놀란 황씨 할머니는 무당인

친구 석출을 찾아가 이승에서의 한과 업을 풀고 편안하고 깨끗한 마음으로 저승에 가도록 '산오구굿'을 해달라고 부탁한다. 황씨 할머니를 위한 굿은 비단 할머니 자신만을 위한 굿이 아니다. 적게는 할머니의 가족들을 위한 굿이고 크게는 마을에 팽배해 있던 갈등과 반목을 해소해주는 역할을 담당한다.

굿을 통해 해결되는 첫 번째 갈등은 '전근대성과 근대성의 충돌'이다. 황씨 할머니가 굿을 한다는 소문이 퍼지자 마을에서는 갈등이 다시 생겨난다. 6년 전 마을 사람들 스스로 이제 더 이상 굿판을 벌이지 않겠다고 암묵적인 서약을 했기 때문이다. 황씨 할머니의 장남과 마을대표격인 병규 아버지는 이 문제로 갈등을 일으킨다. 하지만 그 갈등의 뒤편에는 전근대적인 계급성이 존재한다. 지주 출신의 황씨 할머니 집안의 아들은 소작농 출신 병규 아버지를 여전히 아랫사람으로 하대하고 거꾸로 병규 아버지는 근대성을 내세워 전근대의 유물인 굿을 마을에서 열지 못하도록 한다.

두 번째 갈등은 황씨 할머니의 막내아들 용택(김경익)의 죽음과 관련을 맺고 있다. 용택은 석출의 딸 미연(이재은)과 사랑하는 사이였다. 그러나 용택에게는 미연이 무당의 딸로 살아가는 것이 안타깝게 느껴진다. 어느 날 무당 노릇을 그만 두라는 용택과 미연은 다투게 되고 홀로 산길을 가던 미연은 마을 청년 3명(이들 중 한 명은 황씨 할머니의 굿을 끝까지 반대하는 병규 아버지의 아들이다)에게 용택이 보는 앞에서 윤간을 당하게 되고 겁탈당하는 미연을 지켜주지 못한 죄책감에 사로잡힌 용택은 자살을 선택한다. 이 사건으로 말미암아 마을에는 불신과 증오심이 가득 차게 된다. 마을은 굿을 금지시켰으며 미연은 고향을 떠나 아버지가 누군지도 모르는 아이를 낳아 술집을 하며 연명하게 된다. 병규 아버지가 굿을 방해하는 진짜이유는 굿을 통해 미연을 강간한 사건이 다시 불거져 나오는것을 두려워해서이다.

세 번째 갈등은 석출의 무당 집안과 관련이 있다. 미연과용택의 사건으로 인해 석출은 6년 동안 굿을 못 한 채 빈 신당을 돌보고 있으며 미연을 비롯한 석출의 자식들은 신딸의 역할을 하지 못하고 모두 뿔뿔이 고향을 등지게 된다. 석출이 황씨 할머니의 굿을 하기로 결심한 데에는 굿을 계기로 단절될위기에 놓인 무당의 가계(家系)를 잇기 위함이다. 석출은 본격적으로 자식들을 불러 모은다. 하지만 근대화라는 이름 아래무당의 길을 떠난 자식들을 다시 규합하는 일이 쉽지만은 않다. 교직에 종사하는 큰딸은 학교에서 굿은 미신이라고 가르친다면서 선생은 굿을 할 수 없다고 하며, 횟집을 하는 둘째딸은 굿 장단을 모두 잊어 굿을 할 수 없다고 한다. 무가(巫歌)대신 록커의 길을 택한 신딸이 있는가 하면 용택의 죽음 이후굿판을 떠난 미연 역시 다시 돌아가기를 거부한다. 그러나 무당은 자신이 싫다고 무당 일을 그만둘 수는 없다. 자식들은 하나 둘씩 마을로 모이고 드디어 굿을 통해 석출의 세습무는 다시 한 번 활짝 만개하게 된다.

서로 다른 갈등이지만 결국 하나의 인연으로 엮여 있는 이러한 갈등은 황씨 할머니의 굿을 통해 모든 것이 승화된다. 미연은 굿을 통해 황씨 할머니에게 며느리로 인정받고, 미연의 아들은 이제 손자가 된다. 미연은 자신을 겁탈한 마을 청년들을 용서하고 병규 아버지는 진심으로 자신의 잘못을 뉘우친다. 궁극서하고탈한 마씨앗이 된 용택의 죽음은 황씨 할머니의 장례식을 계기로 미연이 저승사자로 세상에 나온 용택과 다시 재회함으로써 모든 것이 치유된다.

해학과 풍자 그리고 신명의 굿

「오구」는 죽음을 결코 슬프게 그리지 않는다. 오히려 황씨 할머니가 산오구굿을 할 때 결혼식 예복을 입고 나오듯이, 죽음을 결혼처럼 즐겁고 신명나는 일로 그린다. 굿에서 나타나는 삶과 죽음은 세상을 살아가며 벌이는 축제 그 자체이다. 이러한 죽음을 바라보는 해학적인 시각은 영화에 등장하는 저승사자의 이미지와 신명나는 굿을 통해 관객에게 전달된다.

저수지에서 솟아올라 알몸으로 마을에 도착한 저승사자 셋은 큰 성기를 덜렁거리며 저자거리를 돌아다니고 마을 사람들은 이들의 모습에 배꼽이 빠져라 웃어댄다. 영화는 시종일관 근엄하고 무시무시한 저승사자가 가지고 있는 기존의 이미지를 과감히 벗어 던진다. 앞서 설명한 대로 무속의 관점에서 저승사자는 이미 이 집에 왔던 적이 있고 죽은 사람과도 아는 사이다. 「오구」에 등장하는 저승사자 역시 황씨 할머니 집안과 모두 관련을 맺고 있다. 황씨 할머니의 죽은 남편과 아들

용택은 아내이자 어머니를 저승으로 데려가는 저승사자가 되어 돌아온다. 하지만 이들은 전생에서의 기억은 사라진 저승사자이다. 용택에게 있어 황씨 할머니의 굿과 죽음은 미연과 재회하기 위해 어머니가 남긴 마지막 선물이며 저승사자 가운데 한 명은 미래의 할머니의 손자로서 할머니의 장례가 치러지는 동안 용택의 조카로 다시 태어난다. 죽음을 상징하는 저승사자의 등장으로 시작한 영화는 새로운 탄생으로 막을 내린다.

「오구」에는 총 4장면의 굿이 등장한다. 먼저 본격적인 굿을 하기 전에 무당과 신딸들은 모두 이승계의 오욕칠정(五欲七情)의 때를 씻고 신께 청을 드리기 위해 굿을 한다. 다분히 연극적인 세트에서 벌어지는 이 굿은 '모시자'라는 노래를 부르며 신딸들이 돌아가면서 목욕재계를 한다. 영화에서 가장 아름다운 미장센을 보여주고 있는 이 장면은 양식화된 굿의 흥겨움을 관객에게 제시한다. 굿이 끝난 후 이제 무당과 신딸들은 마을을 돌며 황씨 할머니의 굿을 알린다. 금지된 굿이 다시 마을에 울려 퍼지자 굿에 등을 돌린 마을 사람들도 서서히 마을 굿에 동참하게 된다. 주변부로 내몰린 굿이 다시 마을 사람들의 가슴속에 신명과 조화와 해학을 불러일으키는 순간이다. 이제 조금씩 드러나기 시작한 갈등과 반목의 상처는 황씨 할머니의 산오구굿과 장례를 통해 완전히 치유된다.

「영매 : 산 자와 죽은 자의 화해」(2003)

2000년대 영화에서 부활한 무속의 모습 중 으뜸은 당연 박

기복 감독의 「영매」이다. 우선 극영화가 아니라 다큐멘터리라는 틀로 한국 무속을 정면에서 다룬 거의 최초의 작품이라는 점 하나만으로도 「영매」는 주목받아 마땅하다. 여기에 한국 다큐멘터리 역사에서 차지하는 「영매」의 위치를 더하면 그 중요성은 한층 더 올라간다. 한국영화 다큐멘터리가 극장에서 일반 상영된 것은 변영주 감독의 「낮은 목소리」 이후 무려 8년 만에 「영매」가 처음이기 때문이다. 더군다나 멀티플렉스에서도 상영되는 기록을 남겼다. 이 기록은 한국영화시장같이 극영화 위주의 기형적인 상영 시스템 하에서는 거의 기적에 가까운 대사건이다. 또한 그동안 극장에서 상영된 다큐멘터리의 소재들이 「낮은 목소리」의 종군위안부 문제라든지, 김동원 감독이 「송환」에서 다룬 남과 북의 이념 대립과 같은 주목받는 소재가 아닌 '무당과 굿'이라는 다분히 미신이라고 치부되온 소재를 가지고 작지만 소중한 성공을 거두었다는 점에서 영화사적 가치가 더욱 빛난다.

「영매」는 현대사회에서 주변부로 내몰린 무속을 위한 감독의 뜨거운 애정이 담긴 작품이다. 영화는 단순히 무당을 소재주의적으로 접근하거나 호기심 어린 눈으로만 바라보지 않는다. 오히려 산 자와 죽은 자를 화해시키는 무당의 모습을 친근한 우리의 이웃으로 그리고 있다. 「영매」가 화해시키는 것은 비단 산 자와 죽은 자뿐만이 아니다. 「영매」의 궁극적인 목적은 전근대의 잔재라는 오명 하에 억압된 무당의 한을, 근대성 속에서 새로이 승화시키려는 몸짓에 있다. 이런 화해의 제스

처는 무속 그 자체 속으로 들어간 감독의 따뜻한 시선이 있었기에 가능하다. 카메라는 단순히 무당이 집전하는 굿 자체에 함몰되지 않는다. 감독의 시선은 무당의 화려한 기교보다는 무당의 내면에 숨어 있는 애환을 따뜻하게 바라본다. 이런 사려 깊은 감독의 시선을 통해 우리의 감정선은 자연스럽게 무당이 전해주는 슬픔과 애환에 젖어든다. 이제는 영화를 보는 이가 무당이 되어 제갓집(굿 의뢰인)의 사연을 귀담아 듣게 되고 그래서 「영매」에 나오는 무당들과 그 무당들의 힘을 빌리는 의뢰인들은 모두 우리의 가족이 된다. 그들이 보여주는 아픔과 상처들은 고스란히 우리 몫이 되는 것이다.

「영매」에는 세 명의 서로 다른 무당의 이야기가 등장한다. 포항의 별신굿에서부터 '당골레'로 불리는, 무업을 가업으로 삼는 세습무 그리고 신들림의 체험으로 무당이 된 진도와 인천의 강신무를 보여준다. 언뜻 보면 지역도 출신도 다르지만 세 무당 이야기의 공통점은 모두 자신들이 겪었던 슬픈 가족사가 중심을 이룬다는 것이다. 신을 모시고 타인의 어려움을 해결해주는 무당이지만 자신의 가족 앞에서는 일반인들과 마찬가지로 한 사람의 아내, 동생 그리고 딸일 뿐이다. 무당은 더 이상 신비한 존재도 경외와 두려움의 대상도 아니다. 그저 우리와 같은 하나의 인간으로서 그들의 삶을 노래한다.

한 맺힌 엄마 몸신이 들어온 진도 강신무 이야기의 주인공은 박명자 무당이다. 그녀는 무당일을 농사일과 병행하고 있다. 진도가 도시에 비해 손님이 없기 때문이다. 하루는 굿을 하던 중 갑자기 어머니의 영이 그녀에게 빙의된다. 빙의된 어머니의 영은 이제 의뢰인의 굿보다는 사위를 혼내기에 바쁘다. 평소 자신을 이해해주지 못하는 남편에 대한 원망이 어머니의 영혼을 통해 내 딸 고생 그만 시키라고 으름장을 놓은 것이다. 신을 모시는 무당이라도 남편에 대한 불만은 일반인들과 다르지 않다. 이런 아내의 돌출행동에 남편은 어쩔 줄 몰라 하고 자신의 잘못을 장모의 영에게 빈다.

진도라는 공간은 강신무보다는 사실 세습무인 당골에게 더 어울리는 공간이다. 그러나 세상이 변함에 따라 세습무는 사라지고 점점 강신무만이 득세하는 상황이다. 그렇다고 영화는 서로 다른 두 무속의 차이에 대해서 어떠한 시비도 편도 들지 않는다. 큰언니부터 막내까지 무당의 4자매를 다룬 진도의 씻김굿 세습무 자매를 통해, 영화는 근대성에 의해 잊혀지고 있는 우리 전통문화의 한 끝자락을 지고지순하게 바라본다. 진도 당골의 이야기는 「영매」의 초반부와 후반부를 동시에 장식한다. 채정례 당골 무당은 팔십의 나이에도 불구하고 아직도 크고 작은 진도 씻김굿을 주관하고 있다. 그녀의 어머니는 진도에서 굿을 제일 잘한 것으로 유명한 당골이었고 네 자매 모두 무업을 이어받았다. 세월이 지나 이제는 자신과 중풍에 걸린 둘째언니만 남았다. 자신은 남에게 천대받고 고생길이 훤한 무업을 천직으로 삼고 지금까지 당골로 살아왔지만 자신의 8남매에게는 이 어려움을 절대로 물려주고 싶지 않아 모두들 타지로 보냈다. 신을 섬기는 무당의 몸이지만 역시 자식한

테만큼은 여느 부모의 마음과 다르지 않다. 지금은 하나라도 가르쳐서 자신의 대를 잇게 하고도 싶지만 대신 다른 제자에게 정성을 쏟는다. 영화는 그녀가 걸어온 수많은 가시밭길을 짐작할 수 있게 천천히 그녀의 넋두리를 들려준다. 영화의 종반부에는 언니가 결국 세상을 하직하고, 동생은 평생 고생만 하고 외로움 속에 죽어간 언니를 위해 손수 씻김굿을 연다. 남에게 천대받으면서도 꿋꿋이 무당 일을 해온 언니를 위한 팔십 먹은 무당의 씻김굿. 이 굿은 비단 한 무당을 위한 굿이 아니라 이 땅의 모든 집 없는 무당들을 위한 진혼가이다.

영화는 진도라는 공간을 떠나 이제 인천에서 황해도 굿을 하는 강신무 강이정 무당에게로 닻을 내린다. 이 이야기는 특히 어머니와 딸 사이의 화해를 이루기 위해 눈물짓는 무당의 모습을 보여준다. 어머니에게 27세에 내림굿을 받은 무당 강이정은 자신이 모시는 장군신과 어머니의 몸신 사이의 불화 때문에 어머니와 사이가 좋지 않다. 그런 그녀는 어머니가 자신과의 불화로 한이 맺힌 채 돌아가신 후 화해하는 것보다는 살아 계실 때 화해하는 것이 쉬운 길이라는 진리를 깨닫고 눈물을 흘린다. 가족에 대한 애정을 보여주는 이 무당은 특히 무속이 어떻게 죽은 자와 산 자 사이에서 기능하고 있는지를 진오구굿을 통해 보여준다.

어느 날 그녀는 한 제갓집의 의뢰를 받고 굿을 해준다. 굿을 하는 도중, 그녀는 얼마 후 그 집안에 큰 우환이 생기니 가족들 모두 신중히 생활할 것을 조언해 준다. 그러나 제갓집에

서는 무당의 말을 귀 기울여 듣지 않았고 결국 한달 후 제갓
집 큰아들이 어린 나이에 불의의 사고로 객사하게 된다. 자식
을 잃은 어미는 아들의 원혼을 달래기 위해 진오구굿을 부탁
하고 무당은 이승의 어머니와 저승의 아들을 마지막으로 이어
주기 위해 굿을 한다. 아마도 이 굿은 「영매」에서 보는 이로
하여금 가장 가슴을 아프게 하는 장면이 아닐까 싶다. 무당은
진오구굿을 행하고 자신에게 아들의 영이 빙의되게 자신의 몸
을 내어준다. 이제 무당에게 빙의된 아들은 어미와 가족에게
눈물을 흘리며 작별인사를 구한다. 이제 더 이상 관객에게는
무당에게 실제로 아들의 영이 빙의가 되었는지에 대한 사실
여부는 무의미하다. 중요한 것은 결국 굿을 통해 죽은 아들은
객사한 한을 풀고 산 가족들은 가슴에 맺힌 슬픔을 풀었기 때
문이다. 이 굿에는 「영매」가 말하고자 하는 궁극적인 주제가
들어 있다. 즉, 무당은 굿이라는 상징적 행위를 통해 죽은 자
와 산 자 사이에 만남의 장을 제공하고 그들에게 심리적인 안
정을 주는 역할을 담당하고 있는 것이다.

무속의 보편성에 대해 소박하고도 진지하게 접근한 「영매」
는 근대성에 의해 함몰된 무속의 가치, 그리고 죽음에 대한 신
성한 체험과 성찰을 관객에게 다시 되살리고 있다는 점에서
한국 다큐멘터리 영화사에 길이 남을 명작이다.

서구 영화에서 나타나는 샤머니즘의 기능

샤머니즘과 관련을 맺고 있는 서구 샤머니즘 영화의 경계선을 설정하는 것은 그리 쉬운 일이 아니다. 오히려 한국 무속 영화의 틀을 설정하는 것보다 훨씬 더 복잡하고 난해하다. 왜냐하면 전 세계에 산재해 있는 각기 다른 샤머니즘의 원형과 각 영화의 대륙별 정체성을 통합하는 작업이 선행되어야 하기 때문이다. 이런 한계점에도 불구하고 서구 샤머니즘 영화의 유형을 각 대륙별로 정리해볼 수 있다.

우선 아메리카 대륙을 정점으로 하는 북미 영화 속의 샤머니즘 세계가 있다. 주로 미국 영화와 캐나다 영화에서 많이 나타나는 이 유형은 미국 인디언 샤머니즘의 정신세계와 알래스카 에스키모 샤머니즘의 비전을 엿볼 수 있다. 또한 남미 샤머니즘 또한 영화에서 빈번하게 나타나는 유형이다. 주로 아마 존 일대의 인디언 샤머니즘의 원시적인 모습을 보여준다.

한편 주로 프랑스 영화를 중심으로 유럽영화를 통해 나타나는 유럽 및 몽고 샤머니즘의 모습 또한 흥미롭다. 이는 주로 러시아 시베리아 샤머니즘을 중심으로 펼쳐지는데, 특히 시베리아 샤머니즘은 한국 무속의 기원과 밀접한 연관이 있다는 점에서 비교 연구의 가치가 높은 유형이다. 또한 유럽 영화의 시각으로 바라보는 몽고의 샤머니즘을 통해서는 지정학적 위치로 인해 다양한 종교와 융합된 샤머니즘의 모습을 볼 수 있다.

서구 샤머니즘 영화는 한국 무속영화의 분류와 마찬가지로 첫째, 샤머니즘의 모티프가 내러티브, 등장인물, 영화적 시간 및 공간 등을 통해 전면적으로 제시되는 작품과, 둘째, 샤머니즘의 모티프가 전면적으로 제시되지는 않지만 영화의 주제적 측면에 중요한 영향을 끼치는 작품으로 분류할 수 있다. 이제부터 주로 1990년대 이후 제작된 영화를 중심으로 서구 샤머니즘의 세계를 엿보기로 하자.14)

북미 인디언 샤머니즘

「도어즈 The Doors」(1991)

전설적인 록그룹 도어즈의 리더 짐 모리슨(Jim Morrison)의 일대기를 담은 미국 올리버 스톤 감독의 「도어즈」는 직접적으로 샤머니즘을 주제로 삼은 영화는 아니다. 그러나 영화에서 샤머니즘은 짐 모리슨(발 킬머)의 음악세계를 대변하는 하나의 상징적인 이미지로 기능하고 있다. 「도어즈」는 짐 모리슨의 음악세계와 샤머니즘의 정신세계를 통해 1960년대 미국의 베트남전쟁과 히피들의 반전, 무정부주의 등 당시 젊은이들의 허무주의와 환각의 세계를 해부하려 하고 있다.

영화는 짐 모리슨의 음악세계를 샤머니즘의 정신세계와 깊숙이 연계시킨다. 영화의 초반부에 등장하는 늙은 인디언의 이미지는 어린 시절의 짐 모리슨에게 '삶과 죽음의 경계'에 대해 관심을 갖게 해주는 주요한 모티프가 된다. 영화가 진행되는 동안에도 짐 모리슨의 환상 속에서 꾸준히 등장하는 인디언 샤만의 이미지는 주인공에게 있어 일종의 음악적 영감이자 궁극적으로 다다르고자 하는 '인식의 문'으로서 기능한다. 영화는 이런 보이지 않는 '인식의 문'을 관객에게 전달하기 위해 샤머니즘의 정신세계를 이용하고 있다.

영화의 제목이자 실제 그룹명인 '도어즈'란 이름은 영국 시인 윌리엄 블레이크의 "알려진 것과 모르는 것, 그 사이에 인식의 문이 있다"는 시구에서 따온 것이다. 짐 모리슨은 "인식의 문을 깨끗이 하면 사물을 있는 그대로 볼 수 있다"는 시(詩) 속 경지에 다다르기 위해 음악, 섹스, 술, 마약 등 온갖 수단을 다 동원한다. 광기에 휩싸여 노래를 부르는 짐 모리슨의 영화 속 모습은 마치 샤만이 벌이는 엑스타시와 트랜스 과정을 연상시킨다. 특히 짐 모리슨이 인디언 샤만의 영혼을 부르며 무아경 상태에서 춤을 추는 장면은 짐 모리슨과 샤만이 마치 하나로 융합되는 듯한 인상을 받게 한다.

「데드맨 Dead Man」(1995)

미국 짐 자무쉬 감독의 「데드맨」은 미국영화의 대표장르인 서부영화의 틀을 철저히 파괴한 영화이다. 영웅의 모습을 한 위대한 보안관의 모습도 그 흔한 정의로운 총잡이들의 모습도 없다. 대신 영화는 미국인의 폭력으로 점철된 과거와 상상적인 원류로서의 인디언의 문화를 보여주려 한다. 이렇게 기존의 서부극과 철저하게 대비되는 이 영화의 중심에는 북미 인디언의 샤머니즘이 자리 잡고 있다. 영화는 18세기 영국 신비주의 시인 윌리엄 블레이크의 시 세계를 인디언의 자연과 영혼에 대한 정신세계로 살며시 중첩시켜 놓는다.

윌리엄 블레이크(조니 뎁)는 취직 통지서를 받고 클리블랜드에서 서부 '머신 타운'으로 기나긴 여정을 시작한다. 그러나 막상 도착한 회사에는 더 이상 그의 일자리는 없다. 거리를 배회하던 블레이크는 우연히 만난 꽃 파는 여자와 함께 하룻밤을 지내는 중, 갑자기 들이닥친 그녀의 전 애인과 총격전을 벌이고 가슴에 총상을 입는다. 우발적 살인으로 인해 막대한 현상금이 걸린 블레이크는 인간 사냥꾼과 연방 보안관에게 쫓기는 신세가 된다. 숲 속에서 의식을 잃고 쓰러진 블레이크는 '노바디'라는 괴이한 성격의 인디언의 도움으로 의식을 되찾는다. 노바디는 이름이 같다는 이유로 18세기의 영국 시인 윌리엄 블레이크의 영혼이 다시 육체로 환생했다고 믿는다. 노바디는 블레이크의 영혼을 바다와 하늘이 만나는 물의 거울로 안내하기 위해 그의 여정에 동참한다.

영화에 나타나는 샤머니즘적 모티프는 시인 윌리엄 블레이크의 시적 영혼과 인디언 문명과의 만남을 통해서 나타난다. 「데드맨」에서 블레이크의 시는 서구 기독교 문명보다는 자연주의에 기대고 있고 이런 세계관은 북미 인디언 샤머니즘의 특색인 자연과 인간의 합일과 맞닿아 있다. 인디언 노바디가 수행하는 엑스타시는 결코 격렬하지 않다. 오히려 마치 시인이 시상에 젖듯 약초의 힘을 빌어 블레이크의 미래의 모습을 본다. 노바디가 말하듯 환상을 보는 것은 대단한 축복이다. 이런 엑스타시에 빠지기 위해 노바디는 철저히 금식하는 모습을 보여준다. 또한 기존 서부영화에서 강조된 공간이 주로 황무지와 사막인 반면, 「데드맨」은 철저히 숲의 공간을 강조한다. 이것은 북미 인디언 샤머니즘적 분위기를 증폭시키는 역할을 한다.

마침내 도착한 물의 거울로 통하는 인디언 부락에서, 노바디는 윌리엄 블레이크의 영혼을 모든 영혼들이 왔던 곳이자 되돌아는 곳인 바다로 안내한다. 영화에서 가장 강렬한 인상을 주는 이 마지막 장면은 흑백의 수려한 영상과 신비한 사운드, 그리고 샤머니즘의 에너지가 자아내는 뛰어난 공간미를 통해 불교의 윤회설과도 유사한 샤만의 비전을 우리에게 보여준다. 특히 영화에서 흐르는 닐 영의 전자 기타 선율은 매우 현대적인 음원(音原)을 가지고 샤머니즘의 세계로 이끌어 가는 독특한 영화적 장치로 기능하고 있다.

이 밖에도 마이클 치미노 감독의 「선체이서 The Sunchaser」(1996)는 암에 걸려 시한부인생을 살아가는 인디언계 소년 블루와 의사 레이 놀즈의 이야기를 그리고 있다. 영화는 로드무비의 형식을 통해 구원의 공간으로서의 샤머니즘의 정신세계를 보여준다. 결국 구원의 공간인 신비의 호수를 통해 블루는 자신의 영혼을, 의사 레이는 형의 안락사를 도와준 어린 시절의 상처를 치유받게 된다. 또한 「썬더하트 Thunderheart」(1992)는 스릴러 장르를 통해 근대성에 의해 주변부로 내몰린 인디언 보호 구역의 정체성 문제와 환경문제를 샤머니즘의 세계를 매개로 풀어간다.

한편 2003년을 기점으로 한국영화에서 무속의 모습이 다시 활발히 나타난 것처럼 서구 샤머니즘을 그리는 두 편의 흥미로운 영화도 등장했다. 프랑스 얀 쿠넹 감독의 「블루베리 Blueberry」(2004)와 캐나다 영화 「아타나주아 Atanarjuat : The Fast Runner」(2003)가 그것이다. 「블루베리」는 「데드맨」과 마찬가지로 웨스턴 장르를 통해 샤머니즘의 비전을 제시해준다. 특히 이 영화는 샤머니즘의 과거·현재·미래가 혼재된 시간의 관념을 뫼비우스의 띠라는 서구식 개념과 융합시켜 화려하고 현란한 비주얼로 표현해내었다. 이전 영화들에서 샤머니즘이 주로 관객의 상상력에 의지해 관념적으로 제시되었던 반면, 「블루베리」는 첨단 컴퓨터 그래픽을 이용한 보다 구체적인 이미지로 샤머니즘의 정신세계를 구현했다는 점에서 흥미로운 영화이다. 또한 제54회 칸느영화제에서 황금카메라상을 수상한 「아타나주아」는 에스키모 문화가 가지고 있는 샤머니즘의 세계를 보여준다. 이러한 에스키모 샤머니즘의 모습은 프랑스 자끄 도프만 감독의 「아가국 Agaguk」(1992)에서도 나타난다.

남미 아마존 샤머니즘 :
「에메랄드 포레스트 The Emerald Forest」(1985)

영국 존 부어만 감독의 「에메랄드 포레스트」는 우리에게 남미 아마존의 샤머니즘이 어떻게 영화적으로 구현되고 있는지를 보여준다. 아마존의 샤머니즘은 북미 인디언을 통해서 나타나는 미국 영화 속 샤머니즘의 모습과 많은 차이점을 가진다. 가장 두드러지는 것은 영화에 등장하는 남미의 샤머니즘이 보다 원형적인 모습으로 나타난다는 점이다.

빌 마크햄(파워스 부디)은 아마존 정글에 댐 건설을 위해 파견된 미국인 엔지니어다. 어느 날 빌은 어린 아들 토미를 정글에서 잃어버리게 된다. 이후 10년 동안 토미를 찾기 위해 백방으로 수소문하지만 어떤 소식도 얻지 못한다. 한편 아마존 부족과 함께 자란 토미(찰리 부어만)는 추장이자 마을의 샤만인 와나디의 후계자가 된다. 결국 빌의 끈질긴 노력으로 둘은 다시 만나지만 토미는 이제 문명사회와 진짜 가족들 대신 아마존의 정글과 부족의 샤만이 되는 길을 택한다.

실화를 바탕으로 한 이 영화는 언뜻 보면 그냥 한 편의 평범한 액션·어드벤처 드라마인 것처럼 보인다. 그러나 보다 정치하게 영화 안을 들여다보면 샤머니즘의 에너지가 작동하고 있음을 알 수 있다. 영화는 샤머니즘을 통해 '문명과 자연의 충돌과 융합'이라는 주제를 전달하려 한다. 영화에서 도시를 위해 건설된 댐은 문명을 상징하며 울창한 원시의 밀림은 자연을 상징한다. 댐은 결국 토미가 불러낸 자연의 힘으로 파괴되며, 문명과 자연의 융합은 빌이 밀림에서 살아가는 토미를 인정하는 것으로 상징된다.

영화는 아마존 샤머니즘의 다양한 모습을 주로 토미의 몸과 영혼을 통해서 보여준다. 토미는 엑스타시 상태에서 자신을 수호하는 동물의 영인 독수리를 통해 부족의 미래를 알아내고 아버지 빌이 살고 있는 도시 한복판의 아파트를 찾아낸다. 영화는 샤만이 이러한 트랜스 과정과 엑스타시에 이르기 위해서 특정한 약초를 사용하는 것을 보여준다. 환각작용이 있는 이런 약초와 약물의 사용은 다른 샤머니즘 영화에서도 공통적으로 등장하는 영화적 관습이다. 또한 동물의 영혼으로 상징되는 '독수리'의 비상은 다른 샤머니즘 영화에서도 나온다. 특히 거의 대부분의 북미와 남미 샤머니즘 영화에서 등장하는 독수리의 비상(飛上) 장면과 마치 새가 아래를 내려다보듯이 촬영하는 조안각(鳥眼角)의 카메라는 샤머니즘 영화의 대표적인 관습이다.

이 밖에 프랑스 프란시스 베베 감독의 「재규어 Le jaguar」

(1995)는 액션·어드벤처 장르를 통해 아마존 샤머니즘의 주술 세계에 카메라를 집중하고 있는 영화이다. 또한 브라질 영화 및 남미 국가에서 제작되고 있는 많은 영화들에서도 샤머니즘 과의 연계성은 풍부하게 나타난다.

유럽 및 몽고 샤머니즘 :
「몰롬 : 몽골의 이야기 Molom : Conte de Mongolie」(1995)

영화에서 나타나는 시베리아 샤머니즘에 대해서는 바르타 바스 감독의 「샤만 Chamane」을 통해 뒤에 자세히 설명하기로 하고 먼저 몽고의 샤머니즘을 살펴보자.

대중에게는 거의 알려지지 않은 프랑스 감독 마리 자울 드 퐁쉬빌(Marie Jaoul de Poncheville)의 「몰롬 : 몽골의 이야기」 (1995)는 몽고 샤머니즘의 정신세계에 접근하고 있는 뛰어난 작품이다. 바이칼 호수 근처에 있는 몽고의 부리야트(Buryat) 지역에서 촬영한 이 영화는 유럽인의 시각으로 바라본 샤머니즘에 대한 한 편의 인류학적 보고서이다.

전생의 독수리의 영혼을 가진 샤만 몰롬(Molom)은 어느 날 술 취한 사냥꾼 아버지에게 버려져 늑대와 함께 자라고 있는 8살 꼬마 욘덴(Yonden)과 만난다. 몰롬은 욘덴이 샤만으로서의 재능을 가지고 있다는 것을 알아보고 욘덴을 한 명의 샤만으로 이끌어주기 위해 전설 속의 영혼의 천국인 샴발라(Shambala)로 떠난다.

영화에서 샤만인 몰롬은 대부분의 서구 샤머니즘 영화와 마찬가지로 욘덴의 영혼을 이끌어주는 스승의 역할을 담당한다. 샴발라로의 여행이 계속되는 동안 수천 년 동안 내려온 몽고 샤만에 대한 전설을 이야기해주고, 때로는 그의 꿈에 나타나 샤만의 비전을 가르쳐준다. 또한 욘덴이 시험에 들도록 혹독한 추위와 공포에 맞서게 하며, 유목민들과의 만남을 통해 인간과 동물 사이에 존재하는 법칙과 궁극적인 진리를 깨닫게 해준다.

결국 몰롬은 욘덴이 만다라(曼茶羅)의 길에 들기까지 불교의 모든 가르침을 받을 수 있도록 간덴의 수도원에 욘덴을 맡기고, 자신은 샤만이 죽은 후 가게 되는 하늘의 샤만의 섬으로 떠날 준비를 한다. 욘덴은 인간과 자연의 세계를 연결하는 중재자가 되기 위해 샤만의 길을 떠난다.

영화에서 나타나는 샤머니즘적 사상과 이미지들은 다른 지역의 샤머니즘보다 훨씬 다의적이며 복합적이다. 영화에는 유독 샤머니즘과 불교의 융합이 강조되는 장면이 많이 등장한다. 샤만인 몰롬과 욘덴이 부처를 경배하기도 하며 욘덴이 샤만으로서 체계적인 교육을 받는 곳도 불교 사원이다. 이렇게 불교와 샤머니즘의 융합이 강조되는 이유는 영화의 배경이 되는 몽고 부리야트의 샤머니즘이 불교와 융합된 형태이기 때문이다.

중앙아시아에 위치한 몽골은 지정학적 특성상 다양한 세계 종교와 문화의 유입으로 인해 역사적으로 여러 문화와의 융합이 자연스레 이루어졌다. 징기스칸으로 상징되는 찬란한 유목 제국의 형성과정에서 티벳, 중국, 러시아 및 이슬람권 심지어는 그리스도교권 국가들과도 접촉이 이루어짐으로써 고유한 전통적 북부 샤머니즘 외에 불교, 이슬람, 조로아스터교 등 다양한 세계 종교문화가 갈등, 융합하면서 독특한 종교문화가 발전하였다. 특히 부리야트의 샤머니즘은 샤머니즘적 모티프를 기본으로 티벳의 불교인 라마교를 민간신앙화해서 수용했다.

「몰롬」은 이러한 불교와 융합된 샤머니즘의 세계를 영화 안에 등장하는 한 편의 연극을 통해 간접적으로 드러낸다. 연극에 출연한 몽고의 대왕은 각 종교를 대변하는 사제들을 불러 모아 자신의 왕국을 이끌어갈 종교를 선택하려 한다. 먼저 이슬람의 사제는 "알라신이 세상에서 가장 위대한 신"이라고 자랑을 한다. 이어서 가톨릭 신부 복장을 한 이가 나와 "알라가 가장 위대한 신이라는 것은 거짓"이라고 말한다. 서로의 신을 두고 옥신각신 하는 사이 이번에는 도교를 대표하는 이가 "도교 앞에서 인간은 모두 무의미한 존재"라고 강변한다. 이에 반해 불교를 대변하는 승려는 "삶과 권력은 모두 환영에 불과하며 서로의 뜻을 존경하는 것이 가장 큰 진리이다. 또한 대지의 어머니인 자연과 동물을 존경하라"고 말한다. 왕은 다른 종교에 비해 겸손한 모습을 보인 불교를 제외한 모든 종교를 물리치고 불교를 왕국의 공식 종교로 삼는다. 우화적인 모습으로 그려지고 있는 이 한편의 연극은 수천 년 동안 내려온 몽고의 종교적인 역사를 요약해줌과 동시에 영화에서 불교와 샤머니즘의 이미지가 중첩되어 나타나는 것을 자연스럽게 받아들이게 하는 장치로서 기능한다.

샤머니즘은 비단 아메리카 대륙이나 유럽 영화의 전유물은 아니다. 오세아니아 및 아프리카 대륙의 영화들에서도 샤머니즘의 모습은 다양하게 나타나고 있다.

서구 샤머니즘 영화와 한국 무속영화의 비교

이제 서구 샤머니즘 영화와 한국 무속영화의 비교분석을 통해 유사점과 차이점을 알아볼 차례이다. 먼저 서구 샤머니즘 영화 중 시베리아 샤머니즘의 정신세계를 전면에 내세우고 있는 「샤만」을 살펴보고 이어서 한국 무속영화의 전형적인 모습을 보여주는 「신궁」을 알아보기로 한다. 이 두 편의 영화를 비교하다 보면 자연스럽게 서구 샤머니즘 영화와 한국 무속영화의 차이점과 유사점을 알게 될 것이다.

「샤만 Chamane」(1995)

프랑스 바르타바스(Bartabas) 감독의 「샤만」은 시베리아 샤머니즘과 야쿠트(Yakoutes) 샤만에 대한 한 편의 인류학적인 보고서다. 특히 이 영화는 테마적인 측면과 공간의 구조, 음악의 사용과 샤머니즘 이미지의 반영 등을 통해 서구 샤머니즘 영화의 전형을 잘 보여준다. 「샤만」은 자연과 인간의 공존이라는 테마를 샤만의 영화적 형상과 역할을 통해 표현하고 있다. 샤만을 매개점으로 하는 이런 서사 구조는 다른 샤머니즘 영화들에서도 공통으로 나타나는 현상이다.

러시아의 북쪽지방 굴락의 수용소에 수감 중인 젊은 바이올리니스트 드미트리는 감옥에서 아나톨리를 만난다. 샤만인 아나톨리는 자연과 동물의 영혼과 대화를 나눌 수 있는 능력을 가지고 있다. 아나톨리는 드미트리와 함께 수용소를 탈출할 계획을 세운다. 둘은 아나톨리의 기지와 능력으로 말을 타고 탈출에 성공하는 듯하지만, 결국 아나톨리가 경비병이 쏜 총탄을 맞고 얼마 가지 못해 죽고 만다. 혼자 살아남은 드미트리는 이때부터 혹한의 기후에 맞서 말을 타고 모스크바로 가는 험난한 여정을 시작한다. 추적하는 경비병을 피해 어느 마을에 도착한 드미트리는 그곳에서 아나톨리의 어머니와 만나게 된다. 역시 샤만인 아나톨리의 어머니는 드미트리가 무사히 여정을 끝낼 수 있게 죽은 아들의 영혼을 드미트리에게 보내주며 아울러 드미트리에게 샤만의 비전을 전수해준다. 아나톨리의 영혼은 드미트리가 어려운 일에 부딪칠 때마다 나타나 그를 도와준다. 마침내 모스크바행 열차를 탈 수 있는 도시에 도착한 드미트리. 그러나 처음의 생각과는 달리 더 이상 도시는 자신에게 안식처가 될 수 없음을 깨닫는다. 결국 드미트리는 샤만이 되기 위해 자신의 영혼을 부르고 있는 시베리아의 눈 덮인 거대한 초원으로 다시 돌아간다.

영화에 나타나는 샤만의 형상

서구 샤머니즘 영화가 그리는 샤만의 모습은 일정한 패턴을 가지고 있다. 먼저 샤만은 자연의 영혼과 서로 대화를 나눌 수 있는 능력을 가진 인물로 그려지고 있다. 또한 영화의 주인공은 거의 대부분 샤만과 운명적인 만남을 하는 것으로 설정되어 있고 샤만은 이런 주인공을 돕는 조력자의 이미지로 등장한다. 거의 대부분의 샤만은 주인공의 정신적인 스승의 역할을 담당하는데, 「샤만」은 이런 영화적 관습의 전형을 잘 보여주고 있다.

아나톨리는 임종 순간에 자신이 샤만이라고 드미트리에게 알려주며 자신의 영혼은 드미트리와 언제나 함께할 것이라고 말한다. 아나톨리는 자신이 지니고 있던 '겡바르드(시베리아 샤만의 고유한 피리)'를 드미트리에게 전해준다. 이 겡바르드가 전해진 것은 결국 드미트리가 샤만의 후예가 됨을 의미한다. 아나톨리는 죽은 후에도 영혼의 모습으로 나타남과 사라짐을 반복한다. 이러한 재생과 부활이라는 모티프는 서구 샤머니즘 영화에서 나타나는 샤만들의 공통된 특징이기도 하다.

아나톨리의 임종 후 그의 영혼은 드미트리가 타고 있는 말로 옮겨진다. 이러한 영혼의 빙의는 말과 아나톨리의 이미지를 홀로그램으로 중첩되게 처리하는 것으로 표현된다. 아나톨리의 환영은 드미트리에게, '살아 있는 자연의 모든 것 뿐만이 아니라 생명이 없는 물건마저도 모두 영혼을 가지고 있다'는 샤만적 비전을 전수해준다. 아나톨리의 출현은 드미트리가 말 발굽을 교체하기 위해 들린 마을에서 헌병대에게 체포될 순간, 안경을 낀 전형적인 대장장이의 모습으로 다시 나타난다. 아나톨리의 죽음과 그 후 반복되어 나타나는 샤만의 제의적 부활은 샤머니즘의 고유한 사후관과 영혼관을 보여준다. 이러한 샤머니즘의 제의적 측면은 드미트리의 트랜스 과정을 보여주는 장면에서 더욱 강조된다.

트랜스와 엑스타시의 형상

서구 샤머니즘 영화에서 엑스타시와 트랜스가 수행되는 장면은 다양한 샤머니즘적 형상을 전해 나르는 데 필수불가결한 존재이다. 이 장면을 통해 영화는 샤만의 비전을 관객에게 전달시킨다. 영화에서 엑스타시의 형상은 샤만 혹은 잠재적으로 샤만이 될 수 있는 주인공의 트랜스 과정에서 필연적으로 나타난다. 이런 장면은 대부분 트랜스 과정을 수행하는 인물이 자신의 몸을 제어할 수 없는 동작들을 하면서 시작된다.

「샤만」에서는 서구 샤머니즘 영화의 전형적인 엑스타시의 장면을 두 개의 시퀀스를 통해 보여준다. 첫 번째 시퀀스는 드미트리가 아나톨리의 어머니를 만나 그의 영혼을 치료하는 과정에서 나타난다. 그녀는 드미트리에게 환각효과가 있는 음료를 마시게 한다. 이런 행동은 그녀가 연주하는 북소리에 그의 영혼을 쉽게 일치시키게 하기 위함이다. 서구 샤머니즘 영화에서는 이렇게 환각효과가 있는 식물을 복용하는 장면이 많이 등장하는데, 이는 신적 카리스마를 획득하고 트랜스 상태에 쉽게 도달하기 위한 필수적인 요익 그기능하고 있다. 드미트리는 그녀가 북을 치고 노래를 부르는 장면을 본 후 그녀 주위를 동물의 영혼이 에워싸고 있는 환상을 본다. 프레임은 샤만을 중심에 위치시키고 주위에 엑스타시에 빠져있는 드미트리의 모습을 잡는다. 그녀는 북을 치고 노래를 불러 이미 다른 세계에 가 있는 죽은 아들의 영혼을 불러온다.

아나톨리와 그의 어머니로 대표되는 이런 샤만의 제의는 실제 시베리아 야쿠트 지방의 샤머니즘[15]의 모습을 잘 보여준다. 야쿠트 지방의 샤만들은 제의 과정에서 말·곰·늑대·물고기 등의 영혼과 대화하고 접촉하며, 때로는 그와 같은 조류, 물고기 등의 어류, 곰 등의 동물류로 직접 변신하기도 한다. 그리고 샤만이 된 후에도 제의에서 이런 영혼을 부르면 그 영혼들이 언제든지 샤만의 곁으로 오고 또 샤만이 그런 영혼으로 변신하여 천상계나 지하계, 수중계를 자유롭게 여행한다고 믿는다. 트랜스는 샤만이 자신의 의지로 억제할 수 없는 상황인데 이런 상태에서 샤만은 타자인 영혼의 세계를 대변한다. 이와 같은 극도의 의식 변화 상태를 기점으로 샤만의 변신이나 영(靈)과의 대화가 가능해져 트랜스가 엑스타시나 포제션 (possession, 신들림)의 기틀이 된다.

두 번째 엑스타시는 드미트리가 빙하를 지날 때 얼음 구덩이에 빠진 후 일어난다. 이때 벌어지는 엑스타시는 자발적인 것으로, 드미트리는 이를 통해 제의적인 죽음 상태를 거치게 된다. 무아지경의 상태에서 드미트리는 아나톨리에게 전수받은 샤만의 비전을 몸으로 체득하게 된다. 그는 갑자기 말의 피를 마시고 싶은 욕구를 느끼고 칼로 말 목덜미를 벤 후 피를 마신다. 이 장면은 위험한 여행이 계속 되기 전 드미트리의 영혼이 말의 영혼과 교감하는 것을 상징한다. 또한 인간과 동물의 샤머니즘적인 교감이 말과 인간을 통해 발생되고 있다는 점도 상기시킨다. 특히 야쿠트 지방의 샤머니즘에서는 말과 인간의 교감이 가장 중요한 요소이다.

샤머니즘적 사운드의 형상화

영화에서 시베리아 샤만의 겡바르드가 만들어내는 신비스러운 멜로디는 샤만에게 자연·동물의 영혼과 교감할 수 있는 기회를 제공한다. 영화 전체에서 겡바르드는 단순히 음향효과적으로 쓰이는 것을 넘어서서 샤만의 비전을 전해 나르는 공감각적인 역할을 담당하고 있다. 겡바르드와 대척점에 위치하는 악기는 드미트리의 바이올린이다. 바이올린은 서구 문명을, 겡바르드는 샤머니즘 세계를 상징한다. 이러한 대립적인 상징성은 영화 초반부와 영화 말미에 드미트리가 선택하는 악기를 통해 표현된다. 영화 초반부에 드미트리가 바이올린을 통해 자신의 세계를 구축했다면 후반부로 갈수록 드미트리는 그의 바이올린 대신 아나톨리의 젱바르드를 선택한다.

이런 샤머니즘으로의 동화는 영화의 마지막 장면에서 절정을 이룬다. 드미트리는 온갖 역경을 뚫고 마침내 모스크바행 기차를 탈 수 있는 도시에 도착한다. 하지만 도시 공간은 이제 자신에게 시베리아의 타이가보다 훨씬 더 이질적인 공간으로 느껴진다. 마지막 장면에서 드미트리는 아파트 창가에 앉아 일출을 바라보며 바이올린 대신 젱바르드를 조용히 그러나 강렬하게 연주한다. 젱바르드의 판타스틱한 멜로디는 드미트리가 샤만의 길을 선택했음을 알려주고 연주가 끝난 후 드미트리는 세속적인 세계를 등지고 샤만의 길을 걷기 위해 젱바르드가 소환하고 있는 영혼의 공간인 시베리아의 타이가로 돌아간다. 이렇게 젱바르드는 샤만의 비전을 상징하는 영화적 아이콘으로 작동되고 있다.

「신궁(神弓)」(1979)

임권택 감독의 「신궁」은 1970~1980년대 무속의 모티프를 보여주는 국내 영화들 중 가장 뛰어난 한국 무속영화의 전형을 보여준다. 특히 무속을 상징하는 시각적 요소들의 구성 방법과 상징적 제의의 양식들은 서구 샤머니즘 영화와의 유사점과 차이점을 이해하기 위한 핵심요소들이다. 「신궁」을 통해 서구 샤머니즘 영화와 한국 무속영화의 차이점을 알아보자.

남도 장선포의 무당 왕년이(윤정희)는 자신의 신어머니가 죽자 유언에 따라 그녀의 아들 옥수(김희라)와 결혼하여 무당의 대를 잇는다. 옥수의 꿈은 선주가 되어 바다에 나가는 것이었지만 왕년이의 무업을 위해 자신의 꿈을 희생하며 왕년이의 악사 노릇을 한다. 섬 전체는 대선주이며 악덕 고리대금업자인 판수의 손아귀에 놓여 있다. 판수는 왕년이의 미모에 흑심을 품고 호시탐탐 계략을 꾸민다. 왕년이의 화려한 굿은 이웃 마을에까지 소문이 날 정도로 명성을 얻고 곧 이 지역에서 가장 유명한 무당이 된다. 왕년이는 배를 사서 옥수를 선주로 삼고 행복한 나날을 보낸다. 그러나 어느 날 남편은 폭풍우 속에 배를 타다가 죽은 채로 돌아오고 왕년이는 남편이 판수의 음모로 인해 살해된 것임을 알아차린다. 남편이 죽은 후부터 왕년이는 다시는 굿을 하지 않는다. 결국 그녀는 판수에게 복수하기 위해 다시 마을의 풍어굿을 맡고 축제가 한창일 때 신궁으로 판수를 향해 화살을 쏜다.

무당의 형상화 : 무속의 여성성

이미 우리가 살펴본 바와 같이 한국 무속의 가장 큰 특징 중 하나는 한국 무속과 여성이 맺고 있는 '무속의 여성성'이다. 이는 영화의 캐릭터를 구성하는 측면에서 서구 샤머니즘 영화와 극명한 대조를 이루고 있다. 앞에서 살펴보았듯이, 서구 영화에 등장하는 샤만은 대부분이 「샤만」의 아타톨리와 같이 나이 많은 남성 캐릭터이고 아나톨리의 어머니 경우를 제외하면 여성 샤만이 거의 등장하지 않는다. 이에 반해 한국 무속영화에서 등장하는 무당의 캐릭터는 여성이 담당하고 있다. 물론 한국영화에도 남성 무당, 즉 박수가 등장하는 몇몇 영화의 예가 있기는 하다. 임원식 감독의 「박수무당」과 하길종 감독의 「한네의 승천」이 그 대표적인 예이다. 그러나 이러한 예외성을 인정하더라도 한국영화에 등장하는 무당의 주된 성별이 여성이라는 점은 확고 불변하다.

또한 대부분의 서구 샤머니즘 영화에 등장하는 샤만 캐릭터의 역할은 주인공의 정신적·영혼적 스승으로서 기능한다. 즉, 샤만 캐릭터는 주인공의 역할을 담당하기보다는 그 주변 인물 다시 말해, 주인공의 조력자로서 등장한다는 말이다. 이와는 대조적으로 한국영화 속의 무당 캐릭터의 역할은 대부분이 영화 속 주인공의 역할을 맡고 있다. 주인공의 조력자로서가 아니라 조력자에 의해 부각되는 영화의 헤로인인 셈이다. 특히 이러한 무당의 캐릭터는 1970~1980년대 한국 무속영화에서 영화적 관습(convention)을 넘어선 일종의 공식(formula)으로 자리 잡고 있다.

「신궁」에서 등장하는 무당 왕년이가 바로 그런 예이다. 「신궁」에서 나타나는 무당의 형상화는 다양하게 제시된다. 어떤 때는 풍어굿을 집전하며 마을 전체의 안녕을 빌어주는 마을의 대표자로서의 모습을 보이기도 하고, 또 어떤 때는 병에 걸린 아이를 치료하는 의사의 역할을 담당하기도 한다. 더 나아가 왕년이는 섬을 지배하고 있는 부조리를 타파하고 보이지 않는 검은 기운을 몰아내어 마을의 정의를 실현하는 모습으로 형상화되고 있다. 이러한 정의의 실현은 굿을 통해 판수에 대항하는 모습을 통해 나타난다. 왕년이의 모습은 서구 샤머니즘 영화에서 나타나는 샤만의 모습보다 좀 더 사회적인 기능을 수행하는 측면이 강하다.

이처럼 상반된 모습은 무당과 샤만이 관계를 맺고 있는 신들의 이미지의 차이로까지 이어진다. 서구 샤머니즘 영화에서 나타나는 대부분의 샤만적 비전은 '자연이 가진 영혼의 힘'에 중점을 두었다. 따라서 샤만을 수호하는 여영신(旅靈神)들의 아이콘은 대부분 조류와 맹수류 같은 동물의 모양을 하고 있다. 이와는 달리 한국영화에서의 무당의 비전은 '인간' 그 자체에 주목한다. 따라서 무당의 궁극적인 비전은 굿을 통해 인간의 행복을 신께 청탁하는 데 있다. 물론 서구 샤머니즘 영화처럼 자연과의 융화를 보여주기도 한다. 그러나 그 중심부에는 언제나 인간이 있다. 따라서 영화에서 등장하는 여영신들의 대부분은 인간의 형체를 가지고 있다.

이러한 서로 다른 영화 이미지들은 실제 시베리아 샤머니즘과 한국 무속의 차이점이기도 하다. 「샤만」에서 보이듯 시베리아 샤만의 영(spirits)은 조류와 물고기·동물 등의 자연물 그대로이다. 이에 반해 한국 무당의 신은 하늘·해·달·별 등의 천체와 바다·강·물·산·바위·땅 등의 자연물과 인신(人神) 등이 주류를 이루고 있으며, 그 형상이 자연물이라 하더라도 인간의 모습이라는 게 두드러진 차이점이다. 따라서 시베리아 샤만의 신은 자연물 그대로의 즉물적(卽物的)인 영인 데 비해 한국 무당의 신은 자연물이라도 인간의 형상으로 나타나는 인격적인 신이다.16)

굿의 미학적 가치

「신궁」에서는 총 7개의 시퀀스를 통해 다양한 굿의 영화적 재현을 보여주고 있다. 이 중 3개의 시퀀스를 중점적으로 살펴보기로 하자.

첫 번째 굿 장면은 병에 걸린 영혼을 치유하는 치료굿이다. 해안가 바위에 병에 걸린 아이를 눕힌 채 왕년이는 신께 이 아이의 병을 고쳐달라며 청을 한다. 굿이 열리는 동안 아이의 조상신이 공수(한자의 신탁(神託), 신어(神語)에 해당하는 한글)되며 조상신은 다시 아이의 어미에게로 빙의된다. 무당 왕년이는 조상신 중 한 영(靈)이 아이에게 달라붙어 병이 생긴 것을 알아낸다. 왕년이의 굿은 조상신에게는 저승으로 편히 갈 수 있는 길을 열어주며 아이에게는 다시 건강을 찾아준다.

두 번째 굿 장면은 바다에서 죽은 사람의 넋을 건지는 '넋 건지기굿'이다. 한국 무속영화를 통틀어서 영화적으로 가장 뛰어나게 연출된 이 장면은 극도로 정제된 미학적인 가치를 보여주고 있다.

지노귀굿의 제상 중앙에는 바다에서 죽은 원혼을 위로하기 위한 명두(明斗)대라고 불리는 대나무가 높이 솟아 있고 이 명두대에다 긴 무명을 매어 늘어뜨려 놓고 한쪽 끝에는 주발을 매어 바다로 던진다. 명두대는 의식이 열릴 장소에 신이 내려올 수 있도록 하는 일종의 영매이다. 그래서 무당과 유족들은 신이 들리고 싶을 때 대나무 막대와 가지를 붙든다. 길고 하얀 무명천은 이승과 저승을 이어주는 길이나 다리를 상징한다. 가족을 잃은 유족들이 차례로 나와 '대잡이'를 하며 목 놓아 울음을 터뜨리면 죽은 원혼은 그제야 저승으로 돌아간다. 왕년이는 이 순간 구천을 떠도는 원혼과 가족을 대를 통해 하나로 이어준다. 하지만 왕년이의 남편 옥수의 원혼만은 떠오르지 않는다. 억울하게 살해당한 원혼이 자신의 억울한 죽음을 왕년이에게 알리는 것이다. 결국 이 지노귀굿을 통해 옥수가 판수의 계략에 말려 억울한 죽음을 당한 것임을 알게 되고 마지막 굿을 통해 판수에게 복수한다.

임권택 감독은 이 굿 장면에서 수직적 구조의 뛰어난 영상을 보여준다. 우선 카메라는 제단을 중심으로 대나무 막대를 이용하여 프레임을 수직으로 나눈다. 또한 대를 잡고 우는 여인들의 모습을 수직적 부감(俯瞰)으로 처리하며 카메라를 굿하는 무당의 발아래에 위치시킴으로써 변화무쌍한 무당의 표정을 극적으로 보여준다. 굿을 담아내는 이러한 수직적인 영상미는 한국 무속영화만의 미학이라는 점에서 대단히 중요하다. 특히 서구 샤머니즘 영화와의 비교를 통해 그 고유한 영상미는 더욱 극명하게 나타난다. 이 수직적 구조에 대해서는 서구 샤머니즘 영화와의 화면구도 비교 때 좀 더 자세히 다루기로 하고 이제 마지막 굿을 살펴보기로 하자.

영화의 마지막을 장식하고 있는 굿 장면은 마을의 안녕을 비는 풍어굿인 동시에 왕년이에게 있어 복수의 굿이다. 옥수가 죽은 후 결코 굿을 손에 잡지 않았던 왕년이는 마지막 굿을 통해 섬을 지배하고 있는 부조리의 검은 기운을 제거하려고 한다. 그리고 왕년이의 굿을 더욱 빛나게 해주었던 신이 내잡지신궁던 弓)은 이번에는 복수를 수행하는 상징이 된다. 판수에게 축원을 해준다고 말하는 왕년이. 결국 그녀을 더궁은 판수의 이마에 화살을 꽂아 넣는다. 이 마지막 장면은 굿을 통한 영화의 조형적인 측면이 어떻게 영화의 주제적인 측면으로 전환될 수 있는가를 보여주는 뛰어난 예이다.

무당의 춤과 노래 : 무속 예술의 정수

굿의 구성요소에 있어 노래와 춤은 가장 중요하다고 할 수 있다. 이것은 오랜 기간 축적되어진 무당의 예술적인 재능과 풍부한 상상력이 결합된 산물이다. 이런 의미에서 굿은 한국인이 가지고 있는 모든 사상과 예술의 정수가 녹아 있는 문화의 결정체라고 부를 수 있다.

굿에서 무당과 반주자들이 만들어내는 가락과 춤 그리고

노래를 통해서 뿜어져 나오는 무수한 상징들은 대단히 복잡하며 다양하다. 보통 굿의 반주에는 피리, 아쟁, 장구와 징 그리고 북이 쓰인다. 이러한 굿의 악기들이 만들어내는 선율의 빠르기와 느리기를 통해 무당은 신과의 만남을 이루어 나간다. 서양 샤만들이 부르는 무가와 비교할 때 특이한 점은 무당이 부르는 거의 대부분의 무가는 항상 주변 악기들이 만들어내는 선율과 함께 불려진다는 점이다.

또한 무당은 굿을 하는 동안 춤과 노래를 번갈아 보여준다. 무당의 춤동작은 신을 초대하거나 신에 대해 이야기하기 위해 신을 보내드리는 절을 할 때까지 계속된다. 또한 무당의 춤사위는 행복을 기원하며 나쁜 불행을 몰아내기 위해서도 수행된다. 특히 한국영화에서 나타나는 무당의 춤사위는 아래에서 위로 도약하는 측면이 강하게 나타나는데, 이러한 무당의 움직임은 영화의 화면 구도에도 큰 영향을 끼친다. 영화에서 무당이 수직적으로 춤을 추는 장면은 마치 천상계로 도약하기 위한 몸짓으로 보인다. 무당이 추는 춤의 수직성은 무속이 가지고 있는 어원학적 의미와도 연관되어 있다.

무속을 뜻하는 무(巫)라는 글자를 분석해보면 '工'과 '人人'으로 나누어진다. '工'은 다시 두 개의 '一'과 '丨'로 분리된다. 위 부분인 '一'은 하늘을 상징하고 밑 부분의 '一'은 대지를 상징한다. 또한 중간의 기둥은 하늘과 땅을 하나로 연결하는 상징이다. 따라서 무(巫)는 하늘과 땅을 잇는 기둥 양옆에 사람들이('人人') 춤추는 것을 의미한다.[17] 여기서 사람이란 바로 무당을 가리킨다. 또한 우리가 눈여겨볼 점은 무당에 의해 하늘과 땅을 하나로 연결시키는 'ㅣ'의 수직적인 움직임이다. 이것은 고스란히 무당이 굿을 할 때 보여주는 수직적 도약과 연관되고 영화의 카메라 역시 이런 움직임을 수직적으로 잡아내게 된다고 볼 수 있다.

서구 샤머니즘 영화와 한국 무속영화의 비교 분석

서구 샤머니즘 영화와 한국 샤머니즘 영화의 차이점과 유사점은 샤머니즘을 상징하는 시각적 요소들의 구성 방법, 상징적 제의의 양식, 샤먼의 형상화와 비전, 테마군의 유형 등을 통해 나타난다.

	서구 샤머니즘 영화	한국 무속영화
장르별 유형	드라마, 액션·어드벤처, 서부극, 스릴러, 판타지, 다큐멘터리	공포, 드라마, 역사물, 멜로드라마, 문예영화, 통속물, 다큐멘터리
테마 (주제) 유형	-서구 기독교 문명과 자연주의 세계관의 대립 -현대문명과 자연과의 갈등 -이주민(백인)과 토착민(인디언) 간의 대립 -근대성과 전근대성(원시성)의 충돌 -자연파괴와 환경보존의 갈등 -과학적 지식과 전통적 가치관의 충돌	-굿을 통한 복수와 한의 승화(복수의 메커니즘 작동) -유교적 억압으로 인한 갈등과 치유(차별적인 신분제도와 가족제도) -한국 사회의 부조리와 모순 비판(근대화 과정으로 인해 파편화된 사회)

	-물질문명과 대립되는 샤머니즘의 정신세계 -부조리한 아메리카니즘의 고발 -자연과 인간의 융합	-무속을 통한 분단의 트라우마 치유(민족통일의 염원) -전근대성과 근대성의 충돌(천주교·기독교와 무속과의 갈등)
샤만의 형상화	-늙은 현자의 모습을 한 남성 캐릭터 위주 -주인공의 정신적·영혼적 스승(조력자의 기능) -현인, 심리치료사, 동물로의 빙의	-무속의 여성성(대부분의 무당 캐릭터는 여성이 담당) -영화의 주인공이자 헤로인 -무당의 사회적 기능
샤만의 비전	-자연과 인간의 중재자 -자연·동물의 영혼과 교감 -제의적 죽음과 샤만의 부활 -애니미즘적 세계관	-인간의 불행과 행복을 관장 -마을 공동체의 영적인 안정을 주관 -인본주의적 세계관
엑스타시 와 제의의 형상화	-엑스타시와 트랜스 과정에의 집중 -즉물적(卽物的)인 영(靈) : 동물신과 자연신 -최면효과가 있는 약초 사용 -인간과 동물의 유대 강조 -겡바르드와 그 밖의 타악기 사용	-다양한 굿의 미학적 가치(지노귀굿, 산오구굿, 내림굿, 풍어굿 등) -인격적(人格的)인 영(靈) : 인신(人神) -노래와 춤 그리고 음악 주관(다양한 악기 사용 : 징, 아쟁, 북, 장고) -굿을 매개로 영화의 주제 전달
화면 미장센의 구조	-자연 풍경의 수평적 구도 강조 -파노라마적 구조 : 인간과 자연의 공존	-화면의 수직적 구도 -굿의 수직적 움직임(수직적 도약) -무속의 어원학적 유래

한국 영화의 정체성이라는 화두

앞서도 언급했지만 서양 판타스틱 영화의 축적된 연구에 비해 한국 판타스틱 영화에 관한 연구는 유감스럽게도 아직 걸음마 수준을 벗어나지 못하고 있다. 이런 문제점은 곧바로 '한국영화의 정체성'이라는 논의 역시 아직까지 제자리를 찾지 못하고 있다는 말과 일맥상통한다. 우리가 알아본 무속의 판타스틱한 아우라 역시 한국영화의 정체성 찾기의 일부분임이 분명하다. 기왕 말이 나온 김에 우리의 여정을 한국영화의 정체성이라는 화두로 끝맺음해보기로 하자.

사실 한 나라의 고유한 영화적 '정체성'을 정립한다는 것은 그리 만만한 작업은 아니다. 미학적, 기술적, 산업적, 사회적 측면을 모두 아우를 수 있는 총체적 작업이 필요하기 때문이다. 다시 말해 영화의 정체성이란 영화적 범주와 비(非)영화적 범주 그리고 영화 외적 범주까지 포괄하는 여러 요소들로 이루어진 복합적인 시스템인 것이다.

먼저 영화 미학적 측면에서의 정체성을 생각해보자. 일단 영화사(史)라는 맥락에서 '반복되었던 것' 그리고 단절감 없이 여전히 '반복되고 있는 것'을 찾아내야 한다. 영화 창작자들의 새로운 주관적 시각을 영상 속에서 펼쳐낸 다양한 이미지와 사운드를 객관적으로 정립시키는 작업. 그리고 그 속에서 논리적이고 일정한 미학적 인과관계를 발견해내는 것. 그것이 가장 먼저 선행되어야 할 정체성의 수립이다. 더 나아가 문학, 미술, 음악, 연극 등 전통 예술과의 연관성을 통해 영화 형식의 특성을 찾아내야만 한다. 둘째, 영화 기술적인 관점에서의 정체성이란 영화의 테크놀로지적인 측면이 어떤 미학적·제도적 변화를 일으켰는가를 알아보는 작업이다. 셋째, 산업적 측면으로서의 관점은 경제적인 상품가치로서의 영화, 즉 제작, 배급, 상영이라는 영화 경제의 세 영역을 통해 한 나라의 영화 산업이 어떻게 변화되었으며 영화 작품들에 어떤 영향을 미쳤는가를 탐색하는 시각이다. 마지막으로 영화는 사회제도의 다양한 그물망과 불가분의 관계를 맺고 있기 때문에 우리는 항상 영화를 사회와의 관계 속에서 바라보아야 한다. 예를 들어 왜 그 시대에는 그런 장르가 두드러지게 만들어졌는가? 또는 영화에서 말하고자 하는 주제가 구체적으로 어떤 사회적 현상과 맞물려 있는가? 등을 우리는 독해해낼 수 있어야 한다.

물론 위에서 말한 몇 가지의 관점이 한 나라의 영화 정체성을 바라보는 절대적인 기준은 될 수 없다. 각 나라마다 침전된 그리고 형성되고 있는 문화의 결정체는 다양하기 때문이다. 따라서 한 나라의 영화 정체성을 수립하고 발굴해내는 주인공은 바로 우리 자신이 될 수밖에 없다. 한 국가의 문화 결정체를 제대로 파악하기 위해서는 선천적인 경험과 후천적인 지식 습득이 동시에 병행되어야만 하기 때문이다. 선천적인 경험이란 태어나면서부터 그 땅의 기운과 관습, 언어, 예술적 전통 등을 몸으로 체득한 생생한 직접적 경험을 말한다. 이에 반해 후천적인 지식 습득이란 다양한 문헌, 시청각 자료 등을 통해 보다 체계적으로 문화의 결정체를 이루는 요소들로 접근할 수 있는 과학적인 방법이다. 따라서 특정 국가의 영화적 정체성을 정치하게 파악하기 위해서는 역시 그 나라 연구자들이 이루어놓은 생생한 연구결과가 필수불가결하다. 아무리 후천적인 2차 지식 습득의 양과 질이 뛰어나다고 할지라도 한 영화 속에서 살아 숨쉬고 있는 보이지 않는 의미화 과정을 정확히 이해하기란 거의 불가능하기 때문이다. 결국 외국 연구자들에 의한 한 나라의 영화 연구는 우리가 보지 못하는 또 하나의 주관적인 결과물 그 이상도 그 이하도 아니게 된다. 그만큼 자국 영화 연구자들의 역할이 중요해지는 대목이다. 그러나 우리는 한국영화의 정체성을 수립하기 위한 한국영화 미학 연구와 한국영화사 연구보다는 서구 영화이론과 미학에 지나치게 함몰되는 악순환을 거듭하고 있다.

이런 수동적인 자세를 가지는 가장 큰 이유는 우리가 스스로 한국영화에 대해 무지하고 낯설게 느끼기 때문이다. 우리의 고유한 정서보다 서양의 그것을 더 가깝고 친근하게 느끼게 되는 상황은 비극적이다. 우리가 이렇게, 알게 모르게 한국영화 연구를 도외시하고 있을 때, 외국에서는 소리 소문 없이 한국영화 회고전이 열리고 우리 영화를 공부하는 연구자들이 늘어나고 있다. 이런 현상은 한국영화 연구를 위해서 바람직하다고 말할 수도 있다. 하지만 우리는 그들의 연구를 아무런 여과 없이 받아들이고 서슴없이 인용하려 한다. 비록 그것이 허점투성이의 편협하고 주관적인 시각으로 가득 차 있어도 말이다. 그렇다고 외국인에 의한 연구 성과들이 모두 터무니없이 날조됐다거나 오독일 뿐이라고 말하려는 것은 아니다. 문제는 받아들이는 우리의 자세이다. 그들이 '우리보다 우리 것을 더 잘 알 것이라는 가설'에 대해 전혀 부끄러워하지 않는다는 것이다. 한 마디로 우리는 '필론의 돼지'들인 셈이다.

샤머니즘과 무속의 판타스틱한 아우라를 찾기 위해 달려온 우리의 여정은 이제 끝이 났다. "한국 무속영화가 서구 영화와 차별되는 한국영화의 고유한 정체성의 일환이 될 수 있는가?"라는 물음은 다시 재정비되고 발전되어야 할 소중한 화두이다. 한국영화 속으로 다시 화려하게 부활한 무속의 아우라. 이제 우리는 그 영적 에너지를 가슴으로 보듬어 한국적 환상과 리얼리티로 승화시킬 준비를 해야만 한다.

주

1) Perrin, Michel, *Le chamanisme*, Paris, Presses Universitaires de France, Que sais-je?, 2002, p.5.

2) Hamayon, Roberte, *Le chamanisme*, Encyclopédie Universalise, vol. 5, France S.A Édition à Paris, 1989, pp.302-306.

3) Dortier, Jean-François, *Le chamanisme*, Sciences Humaines N。133, 12. 2002. ; Piras, Thiery, *Chamanisme*, Puiseaux, éd. Pardès, 2000 참조.

4) Leutrat, Jean-Louis, *Vie des fantôme : Le fantastique au cinéma*, Éditions de L'étoile, Cahiers du cinéma, 1995, pp.5-9 참조.

5) 김소영,『근대성의 유령들 : 판타스틱 한국영화』, 씨앗을 뿌리는 사람들, 2000, p.52.『근대성의 유령들』이 가지고 있는 가능성과 한계점에 대한 보다 자세한 사항은 이종승, 「김기영을 방패삼아, 용가리와 왕마귀를 자신의 아이처럼 돌보며」,『웹진 Cinefocus』, 2000년 12월호를 참조할 것. 아울러 이하『근대성의 유령들』에 관한 주석은 본문에 직접 표기함.

6) Morilot, Juliette, *La Corée : Chamanes, Montagnes et Gratte-Ciel*, Paris, Editions Autrement, 1998, pp.183-187. ; Guillemoz, Alexandre, *La Dernière Rencontre : un rituel chamaniste coréen pour une jeune morte*, Edition Serre, 1986, *Transe, chamanisme, possession*, Nice Acropolis, avril, 1985, pp.24-28 참조.

7) 최길성,『한국 무속의 이해』, 예전사, 1998, p.39.

8) 앞의 책, pp.39-40 참조.

9) 앞의 책, p.46, pp.59-60, pp.160-161, p.177, p.216, pp.228-231, p.242, pp.263-267, pp.296-298 참조.

10) 앞의 책, pp.270-278 ; 김태곤,『무속과 영의 세계』, 한울, 1993, pp.189-201 참조.

11) 김태곤, pp.52-67 참조.

12) 실제로 2003년 여름 개봉한 다른 한국 공포영화「장화, 홍련」「여우계단」「거울 속으로」와 비교해서 가장 저조한 흥행 성적을 거두었다.

13) 최길성,『한국 무속의 이해』, 예전사, 1998, pp.118-120 참조.

14) 독자들의 이해를 돕기 위해 분석할 영화들의 대부분을 1990년대 이후 제작된 영화들로 한정시켰다. 물론 1990년대 이전 제작된 영화들에서도 샤머니즘과 무속의 에너지는 존재하고 있다.

15) Diachenko, Vladimir, "LE CHEVAL DANS LE CHAMANISME YAKOUTE", Seaman Gary, Snay Jane, *Anciennes Traditions : Chamanisme en Asie centrale et en Amérique*, Paris, Editions du Rocher, 1999, pp.261-266. ; Mircea, Eliade, *Le chamanisme et les techniques archaïques de lextase*, PAYOT, PARIS, deuxième édition, 1974, p.364 참조.

16) 김태곤, 「한국 샤머니즘의 정의」, 『한국의 무속문화』, 박이정, 1998, pp.13-14 참조.

17) 황필호, 「샤머니즘은 종교인가?」, 『샤머니즘 연구』 3호, 한국샤머니즘학회, 2001, p.73, p.86 참조.

프랑스엔 〈크세주〉, 일본엔 〈이와나미 문고〉,
한국에는 〈살림지식총서〉가 있습니다.

📖 전자책 · 🔍 큰글자 · 🔊 오디오북

영화와 샤머니즘 한국적 환상과 리얼리티를 찾아서

펴낸날	초판 1쇄 2005년 3월 10일
	초판 3쇄 2021년 3월 21일
지은이	**이종승**
펴낸이	**심만수**
펴낸곳	**(주)살림출판사**
출판등록	1989년 11월 1일 제9–210호
주소	경기도 파주시 광인사길 30
전화	031–955–1350　팩스　031–624–1356
홈페이지	http://www.sallimbooks.com
이메일	book@sallimbooks.com
ISBN	978–89–522–0347–2　04080
	978–89–522–0096–9　04080(세트)

※ 값은 뒤표지에 있습니다.
※ 잘못 만들어진 책은 구입하신 서점에서 바꾸어 드립니다.

054 재즈

최규용(재즈평론가)

즉흥연주의 대명사, 재즈의 종류와 그 변천사를 한눈에 알 수 있도록 소개한 책. 재즈만이 가지고 있는 매력과 음악을 소개한다. 특히 초기부터 현재까지 재즈의 사조에 따라 변화한 즉흥연주를 중심으로 풍부한 비유를 동원하여 서술했기 때문에 재즈의 역사와 다양한 사조의 특징을 쉽게 이해할 수 있다.

255 비틀스

고영탁(대중음악평론가)

음악 하나로 세상을 정복한 불세출의 록 밴드. 20세기에 가장 큰 충격과 영향을 준 스타 중의 스타! 비틀스는 사람들에게 꿈을 주었고, 많은 젊은이들의 인생을 바꾸었다. 그래서인지 해체한 지 40년이 넘은 지금도 그들은 지구촌 음악팬들의 많은 사랑을 받고 있다. 비틀스의 성장과 발전 모습은 어떠했나? 또 그러한 변동과정은 비틀스 자신들에게 어떤 의미였나?

422 롤링 스톤즈

김기범(영상 및 정보 기술원)

전설의 록 밴드 '롤링 스톤즈'. 그들의 몸짓 하나하나는 우리가 생각하는 것보다 훨씬 더 탁월한 수준의 음악적 깊이, 전통과 핵심에 충실하려고 애쓴 몸부림의 흔적들이 존재한다. 저자는 '롤링 스톤즈'가 50년 동안 추구해 온 '진짜'의 실체에 다가가기 위해 애쓴다. 결성 50주년을 맞은 지금도 구르기(rolling)를 계속하게 하는 힘. 이 책은 그 '힘'에 관한 이야기다.

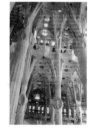

127 안토니 가우디 아름다움을 건축한 수도사

손세관(중앙대 건축공학과 교수)

스페인의 세계적인 건축가 가우디의 삶과 건축세계를 소개하는 책. 어느 양식에도 속할 수 없는 독특한 건축세계를 구축하고 자연과 너무나 닮아 있는 건축가 가우디. 이 책은 우리에게 건축물의 설계가 아닌, 아름다움 자체를 건축한 한 명의 수도자를 만나게 해준다.

131 안도 다다오 건축의 누드작가

임재진(홍익대 건축공학과 교수)

일본이 낳은 불세출의 건축가 안도 다다오! 프로복서와 고졸학력, 독학으로 최고의 건축가 반열에 오른 그의 삶과 건축, 건축철학에 대해 다뤘다. 미를 창조하는 시인, 인간을 감동시키는 휴머니즘, 동양사상과 서양사상의 가치를 조화롭게 빚어낼 줄 아는 건축가 등 그를 따라다니는 수식어의 연원을 밝혀 본다.

207 한옥

박명덕(동양공전 건축학과 교수)

한옥의 효율성과 과학성을 면밀히 연구하고 있는 책. 한옥은 주위의 경관요소를 거르지 않는 곳에 짓되 그곳에서 나오는 재료를 사용하여 그곳의 지세에 맞도록 지었다. 저자는 한옥에서 대들보나 서까래를 쓸 때에도 인공을 가하지 않는 재료를 사용하여 언뜻 보기에는 완결미가 부족한 듯하지만 실제는 그 이상의 치밀함이 들어 있다고 말한다.

114 그리스 미술 이야기

노성두(이화여대 책임연구원)

서양 미술의 기원을 추적하다 보면 반드시 도달하게 되는 출발점인 그리스의 미술. 이 책은 바로 우리 시대의 탁월한 이야기꾼인 미술사학자 노성두가 그리스 미술에 얽힌 다양한 이야기를 재미있게 풀어놓은 이야기보따리이다. 미술의 사회적 배경과 이론적 뿌리를 더듬어 감상과 해석의 실마리에 접근하는 또 다른 시각을 제공하는 책.

382 이슬람 예술

전완경(부산외대 아랍어과 교수)

이슬람 예술은 중국을 제외하고 가장 긴 역사를 지닌 전 세계에 가장 널리 분포된 예술이 세계적인 예술이다. 이 책은 이슬람 예술을 장르별, 시대별로 다룬 입문서로 이슬람 문명의 기반이 된 페르시아 · 지중해 · 인도 · 중국 등의 문명과 이슬람교가 융합하여 미술, 건축, 음악이라는 분야에서 어떻게 표현되었는지 설명한다.

417 20세기의 위대한 지휘자 `eBook`

김문경(변리사)

뜨거운 삶과 음악을 동시에 끌어안았던 위대한 지휘자들 중 스무 명을 엄선해 그들의 음악관과 스타일, 성장과정을 재조명한 책. 전문 음악칼럼니스트인 저자의 추천음반이 함께 수록되어 있어 클래식 길잡이로서의 역할도 톡톡히 한다. 특히 각 지휘자들의 감각 있고 개성 있는 해석 스타일을 묘사한 부분은 이 책의 백미다.

164 영화음악 불멸의 사운드트랙 이야기 `eBook`

박신영(프리랜서 작가)

영화음악 감상에 필요한 기초 지식, 불멸의 영화음악, 자신만의 세계를 인정받는 영화음악인들에 대한 이야기를 담았다. 〈시네마천국〉〈사운드 오브 뮤직〉 같은 고전은 물론, 〈아멜리에〉〈봄날은 간다〉〈카우보이 비밥〉 등 숨겨진 보석 같은 영화음악도 소개한다. 조성우, 엔니오 모리꼬네, 대니 앨프먼 등 거장들의 음악세계도 엿볼 수 있다.

440 발레 `eBook`

김도윤(프리랜서 통번역가)

〈로미오와 줄리엣〉과 〈잠자는 숲속의 미녀〉는 발레 무대에 흔히 오르는 작품 중 하나다. 그런데 왜 '발레'라는 장르만 생소하게 느껴지는 것일까? 저자는 그 배경에 '고급예술'이라는 오해, 난해한 공연 장르라는 선입견이 존재한다고 지적한다. 저자는 일단 발레라는 예술 장르가 주는 감동의 깊이를 경험하기 위해 문 밖을 나서길 원한다.

194 미야자키 하야오 `eBook`

김윤아(건국대 강사)

미야자키 하야오의 최근 대표작을 통해 일본의 신화와 그 이면을 소개한 책. 〈원령공주〉〈센과 치히로의 행방불명〉〈하울의 움직이는 성〉이 사랑받은 이유는 이 작품들이 가장 보편적이면서도 가장 일본적인 신화이기 때문이다. 신화의 세계를 미야자키 하야오의 작품과 다양한 측면으로 연결시키면서 그의 작품세계의 특성을 밝힌다.

예술

eBook 표시가 되어있는 도서는 전자책으로 구매가 가능합니다.

(주)살림출판사
www.sallimbooks.com
주소 경기도 파주시 문발동 522-1 | 전화 031-955-1350 | 팩스 031-955-1355